# 初めて学ぶ 建築コンペ・卒業設計

〈建築のテキスト〉編集委員会 ▶編

学芸出版社

# ま え が き

　西日本工高建築連盟では，高等学校で建築を学ぶ生徒が自主的に学習を行い，建築に関する基礎知識を修得するための手引き書となるよう，〈建築のテキスト〉編集委員会を組織し，1996年に「初めての建築」シリーズ第一弾として『建築環境』『建築一般構造』『建築構造設計』『建築積算』『建築製図』を発刊した．その後，2000年にシリーズ第二弾として『建築計画』『建築構造力学』『建築材料』『建築施工』『建築法規』『建築設備』『建築CAD』を刊行し，全12巻の「初めての建築」シリーズが完結した．

　第一弾の発刊から十余年が経過し，地球温暖化をはじめとする環境問題の深刻化，少子高齢化の進行，ノーマライゼーションの進展など社会状況の大きな変化があり，また，建築関係法令の改正，JIS建築製図通則の改正，教育システムの改変などを受けて，「初めての建築」シリーズの補完が強く望まれていた．

　西日本工高建築連盟では，新たに「建築のテキスト」（第二次増補版）編集委員会を組織し，『建築製図』『建築コンペ・卒業設計』『建築計画』『住環境』『建築設備』『建築構造設計』の6巻を「初めて学ぶ建築」シリーズとして刊行することとなった．

　内容は，前シリーズと同様，高校生はもとより，専門学校，短期大学，大学の建築関係の学生から若い実務者に至るまで，幅広い読者層を考慮するものとなっている．

　『建築製図』は，最新のJIS建築製図通則に準拠し，木構造（住宅），鉄筋コンクリート構造（大学同窓会館），鋼構造（事務所）の各種図面の描き方を2色刷で示し，模型写真や立体図を使ってわかりやすく解説している．

　『建築コンペ・卒業設計』は，建築設計競技や卒業設計を行う上で必要な，課題分析，エスキース，プレゼンテーションなどの各プロセスの手法を，多くの写真・図版・実例を用いてていねいに解説している．

　『建築計画』は，建築と風土，都市，文化，歴史などの建築計画の背景，および環境工学，規模計画，デザイン要素，サステイナブル建築などの建築計画の基礎知識の修得を主目的とし，手法の具体例として住宅の計画の進め方を示している．

　『住環境』は，住まいを「地球・都市・まち」の環境の中に位置づけ，住まいの防災・防犯・長寿命化，こころとからだのここちよさ，誰もが使いやすい住まいなどについて，やさしく解説している．

　『建築設備』は，給排水設備，空気調和設備，電気設備，ガス設備，防災設備，搬送設備について，設備の構成や機器の構造を理解することに重点をおいて，わかりやすく記述している．

　『建築構造設計』は，構造設計を理解するための構造力学と構造計画の基本事項を平易に記述した後に，小規模の鉄筋コンクリート構造建築物の一連の構造計算をわかりやすく解説している．

　本シリーズは，日頃建築教育にたずさわる本連盟の会員が知恵を出し合い，多くの図版を用いて初学者の皆さんが楽しく学べるように工夫し，編集したものである．皆さんが多少の努力を惜しまず根気よく学べば，建築に関する基礎知識が必ず修得できるものと確信している．

　本シリーズ発刊にあたり，貴重な資料の提供と適切な助言を賜った皆様に，深い感謝の意を表します．また，出版をお引き受けいただき，執筆・編集にあたり積極的な助言をいただいた㈱学芸出版社社長をはじめ編集部の皆様に厚く御礼申し上げます．

〈建築のテキスト〉（第二次増補版）編集委員会

まえがき　2

# 第1章　建築コンペ・卒業設計の概要 — 5

## 1・1　建築コンペとは — 6
## 1・2　卒業設計とは — 7
## 1・3　建築コンペ・卒業設計のプロセス — 8

# 第2章　課題の分析方法 — 9

## 2・1　課題分析の意義 — 10
## 2・2　課題の分析と提案のまとめ方 — 11
　(1) 情報の収集と分析　11
　(2) 発想の方向性　13
　(3) コンセプト　14
　(4) 卒業設計の課題の概要　15

# 第3章　エスキースのプロセス — 17

## 3・1　エスキースの進め方 — 18
　(1) ひらめきの記録　18
　(2) 条件の整理　18
　(3) イメージの具体化　20
　(4) 模型と3Dソフトの活用　23
## 3・2　イメージをカタチにする — 24
　(1) 空間の構成手法を知る　24
　(2) キーワードから建築空間を考える　29

# 第4章　図面のプレゼンテーション — 43

## 4・1　完成図面のバリエーション — 44
## 4・2　各図面の表現方法 — 46
　(1) 配置図の表現方法　46
　(2) 平面図の表現方法　49
　(3) 立面図の表現方法　51
　(4) 断面図の表現方法　53
　(5) 立体的な表現方法　54

(6) 点景の表現方法　56
　　(7) 寸法・文字の表現方法　59

### 4・3　建築模型と模型写真　　　　　　　　　　　　　　　　　　60
　　(1) 建築模型の活用の意義　60
　　(2) 建築模型のバリエーション　60
　　(3) 模型の素材と周辺パーツ　62
　　(4) さまざまな模型作品　63
　　(5) 模型写真の撮影方法　64

### 4・4　設計主旨のまとめ方　　　　　　　　　　　　　　　　　　　66
　　(1) 設計主旨とは　66
　　(2) 設計主旨の作り方　66
　　(3) 設計主旨のいろいろ　66

### 4・5　完成図面のレイアウト　　　　　　　　　　　　　　　　　　68
　　(1) レイアウトのポイント　68
　　(2) 色の活用　69
　　(3) 構成のバリエーション　70
　　(4) レイアウトの手順　71
　　(5) コンピューターを使った仕上げ　72

## 第5章　実例　　　　　　　　　　　　　　　　　　　　　　　　　73

### 5・1　アイデアコンペ　　　　　　　　　　　　　　　　　　　　　74
　　(1) カイニョに守られて馬と共に散居村に暮らす
　　　　～留学生とペットと暮らす老人の家～　74
　　(2) 風打ち水ハウス　～自然力を楽しむ街中の住まい～　76
　　(3) さえぎるものがない住まい　～○○のない家～　78
　　(4) Minimum CUBE32　～まちなかに建つエコロジー住宅～　80
　　(5) 佐用川に並ぶ土蔵屋敷の再生
　　　　～古きをたずね，新しい住まいをつくろう～　82
　　(6) まごの店　～高校生が運営する調理実習施設～　84
　　(7) 酸素橋　～人にやさしい町づくり～　86

### 5・2　卒業設計　　　　　　　　　　　　　　　　　　　　　　　　88
　　(1) 水の手の家　～水と共に暮らす～　88
　　(2) HYOGO CANAL FORUM
　　　　～忘れられた運河の再生・都市に潤いの水辺を～　90
　　(3) 器　～人の動きを誘う建築～　92
　　(4) トレンチタウン・ウメダ
　　　　～土壌浄化処理を利用した工場跡地再生計画～　94

＊凡　例：
本文図版中のスケールは原図のものであり，掲載の寸法とは合っていません．

第 1 章

# 建築コンペ・卒業設計の概要

## 1・1 建築コンペとは

建築コンペとは，建築コンペティション（architectural competition）の略であり，複数の設計者から設計案を募り，その中で優れたものを選ぶ建築設計競技のことをいう．建築コンペでは，決められた設計のテーマや条件にそって各々が設計し，それらを表現して競い合う．

建築コンペは二つに大別される．一つは「アイデアコンペ」，もう一つは「実施コンペ」といわれるものである．アイデアコンペは実際に建築されることはなく，与えられた課題に沿って設計し，そのアイデアや発想力，構想力や表現力を競い合うことを目的として，設計作品を募るものである．実際に建築されることを前提としていないので，実に多種多様な課題が出題される．日常の身近なものから出題されたり，時代を反映した社会的な内容のものが出題されたり，あるいは極めて抽象的な出題であったりする．

アイデアコンペは，大学などの教育機関や建築団体，企業などが主催団体となり，生徒・学生などの建築の初学者を対象に実施されている．建築を志す若い人達にとって，それまで学んできた建築の知識を生かし，技術を磨く場として，重要なイベントとなっている．

図1・1にそのアイデアコンペ作品例を示す．

実施コンペは，実際に建築することを目標として，設計作品やアイデアを募るものである．応募された作品の中から当選案が選ばれ，その当選案をもとに実際に建築が行われる．実施コンペによって建築されたものには，関西国際空港ターミナルビルや京都駅ビル，東京都庁舎，せんだいメディアテーク（図1・2(a)），青森県立美術館（図1・2(b)）など数多くの公共性の高い建築物がある．

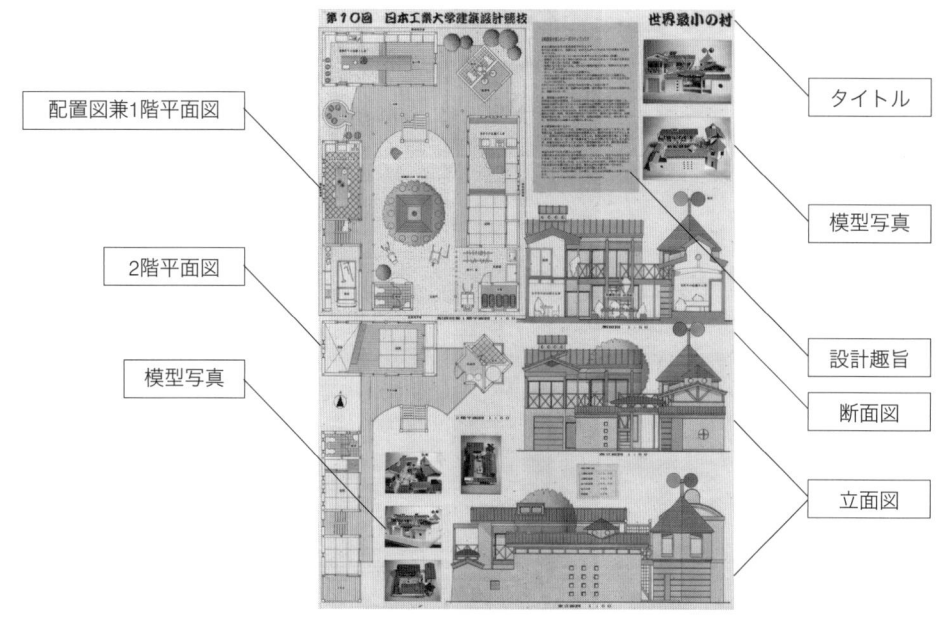

図1・1　アイデアコンペの作品例

(a)せんだいメディアテーク

(b)青森県立美術館

図1・2　実施コンペによる建築物の例（提供：左・せんだいメディアテーク，右：青森県立美術館）

## 1・2 卒業設計とは

卒業設計とは，高等学校や専門学校，大学などにおいて建築を学んできた初学者が，卒業にあたり，その総合的な成果として，建築物の設計を行うものである．

卒業設計の課題内容や形態は，各学校によりさまざまである．

卒業設計では，必ずしもテーマがあらかじめ決められているわけではない．まず，テーマ自体が自由な場合があり，そのときは自らテーマを設定する．また，いくつか与えられたテーマの中から選択する場合もあれば，例えば「公共建築物」というように，あるカテゴリーの中からテーマを自分で決める場合もある．

また，作品の図面枚数もさまざまである．用紙サイズや要求図面も各学校により定められる場合もあれば，設計者本人に委ねられる場合もある．このように卒業設計では各学校により課題の内容や形式，形態は全く異なるので，定められた様式に従って作品を制作する．

卒業設計は，それまでの学習の総決算と位置付けられているが，実際はそれまでの学習内容だけでは不十分なことが多い．卒業設計を行うにあたっては，これまでの学習の成果のうえに，さらにさまざまなことを学ぶことのほうが圧倒的に多いのである．その意味で，卒業設計を行うことにより，より建築に対する学習が深まる．また卒業設計では，学習してきたものを卒業設計作品にいかに結実させるかが問われる．自らのアイデアや発想，考えを図面に表現させることにより，自分自身の建築に関する総合力を推し量るひとつの指標ともなりえる．

図1・3に卒業設計作品の例を示す．

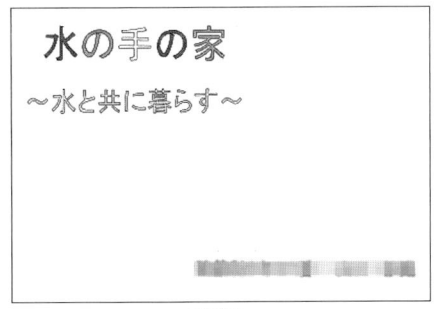
<表紙>

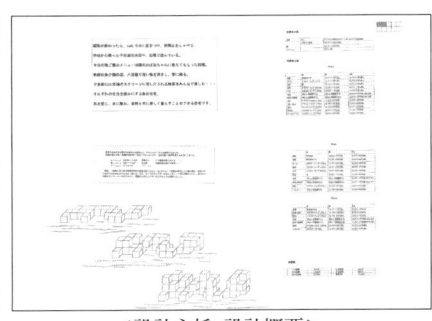
<設計主旨・設計概要>

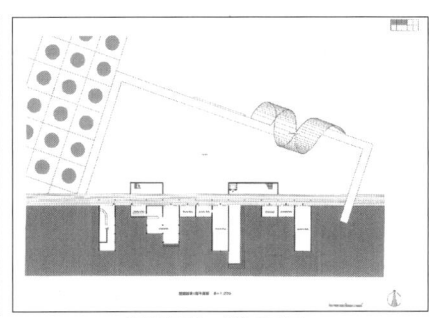
<配置図兼1階平面図>

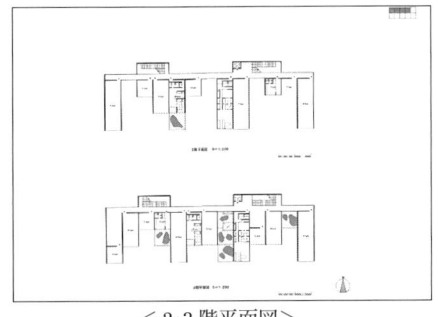
<2・3階平面図>

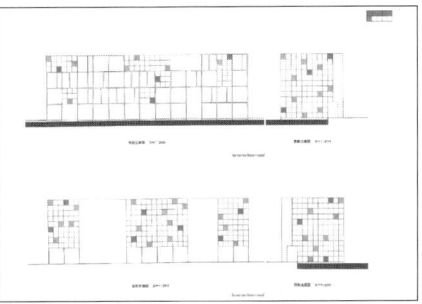
<立面図>

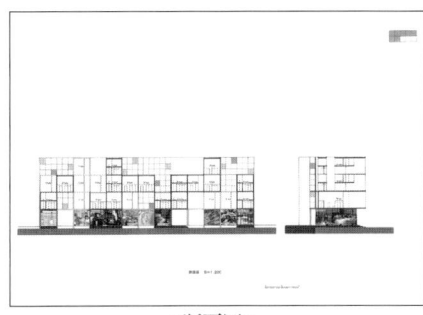
<断面図>

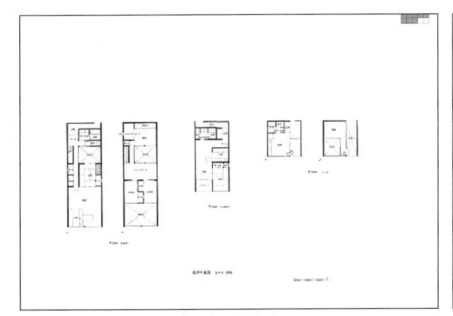
<住戸平面図>

<平面詳細図・矩計図>

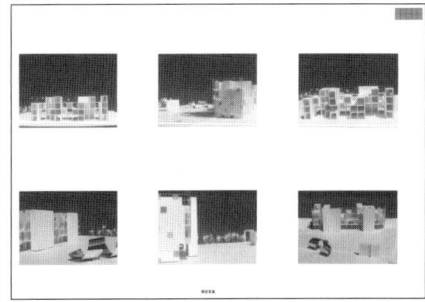
<模型写真>

図1・3 卒業設計作品例（A1 9枚）

## 1・3 建築コンペ・卒業設計のプロセス

建築コンペ・卒業設計の取り組み方は多種多様である．一般的には図1・4に示すようなプロセスで行われることが多い．

はじめに出題された課題を大まかに分析し，情報・知識を収集し研究する．そこで得られたひらめきやアイデアをもとにコンセプトをまとめる．コンセプトとは，課題に対する提案の考え方や観点のことである．

コンセプトがまとまれば，次はそれをもとにエスキースを行う．エスキースとは，直接的には下絵やスケッチのことであるが，建築の分野では，コンセプトをもとに建築空間をまとめあげる作業そのものをいうことが多い．

エスキースで具体化された建築空間は，図面化・模型化し，完成図面としてまとめる．完成図をもとに，課題に対する自分の考えや提案を第三者に示すことをプレゼンテーションという．

| ①「課題に挑戦！！」<br /> | ②「課題を分析し、コンセプトをまとめる！！」<br />※第2章　課題の分析方法　参照<br /> |
|---|---|
| ③「エスキースをする！！」<br />※第3章　エスキースのプロセス<br />　3・1　エスキースの進め方<br />　3・2　イメージをカタチにする　参照<br /> | ④「図面を描く！！」<br />※第4章　図面のプレゼンテーション<br />　4・1　完成図面のバリエーション<br />　4・2　各図面の表現方法　参照<br /> |
| ⑤「模型を作る！！」<br />※第4章　図面のプレゼンテーション<br />　4・3　建築模型と模型写真　参照<br /> | ⑥「図面を仕上げる！！」<br />※第4章　図面のプレゼンテーション<br />　4・4　設計主旨のまとめ方<br />　4・5　完成図面のレイアウト　参照<br /> |
| ⑦「完成！！」<br /> | ⑧「表彰式！！」<br /> |

図1・4　建築コンペ・卒業設計の流れ

# 第2章 課題の分析方法

## 2・1　課題分析の意義

建築コンペ，卒業設計とも，出題される課題の内容は，抽象的な事柄を取り扱ったものから，具体性に富んだものまでさまざまである．出題された設計課題に対して，最初から建築物の形を考えていくことは建築的なプロセスとは言えない．

建築とは，文化の成熟や発展に対応し，個人的または社会的に人間の要求を満足させ，便利で快適で安全な空間を創造するものである．建築コンペや卒業設計などの設計課題のほとんどは，実際に建築されることが目的ではなく，与えられた課題に対して，社会的な諸問題に対する解決策などを盛り込んだ，創造性豊かな提案をすることを目的としている．特に建築コンペでは，今後の建築のあり方や可能性など＜発明＞とでもいうべき提案をすることが高い評価に結びつく．

建築コンペ，卒業設計図面においては美しいプレゼンテーションも大変重要であるが，それよりも重要なのはなぜそのような設計をしたのかという「考え方＝提案」の部分である．いくら美しいプレゼンテーションがなされた図面であっても「考え方＝提案」のない図面は評価されない．建築的なプロセスとは，課題に関する資料や情報を集めて分析し，それに基づいてしっかりとした根拠のもとに考え方を構築し，提案を建築空間としてまとめていくことである（図2・1）．

初学者にとってとくに大切なのは，既成の概念にとらわれず，建築に関わるさまざまな情報や知識を得ることに力を注ぎ，自分自身の中に多くの引き出しをつくることである．その引き出しの中身を組み合わせて，さまざまな建築課題に取り組むことが，自分自身の設計能力を高めることにつながる．

本章では，建築コンペや卒業設計の設計課題に対し，与えられた課題をどのように分析し，課題で求められていることは何かを探し出す作業の方法，および関連する多くの情報と照らし合わせて，設計課題に対する提案をどのように導き出していくかというプロセスについて解説する．

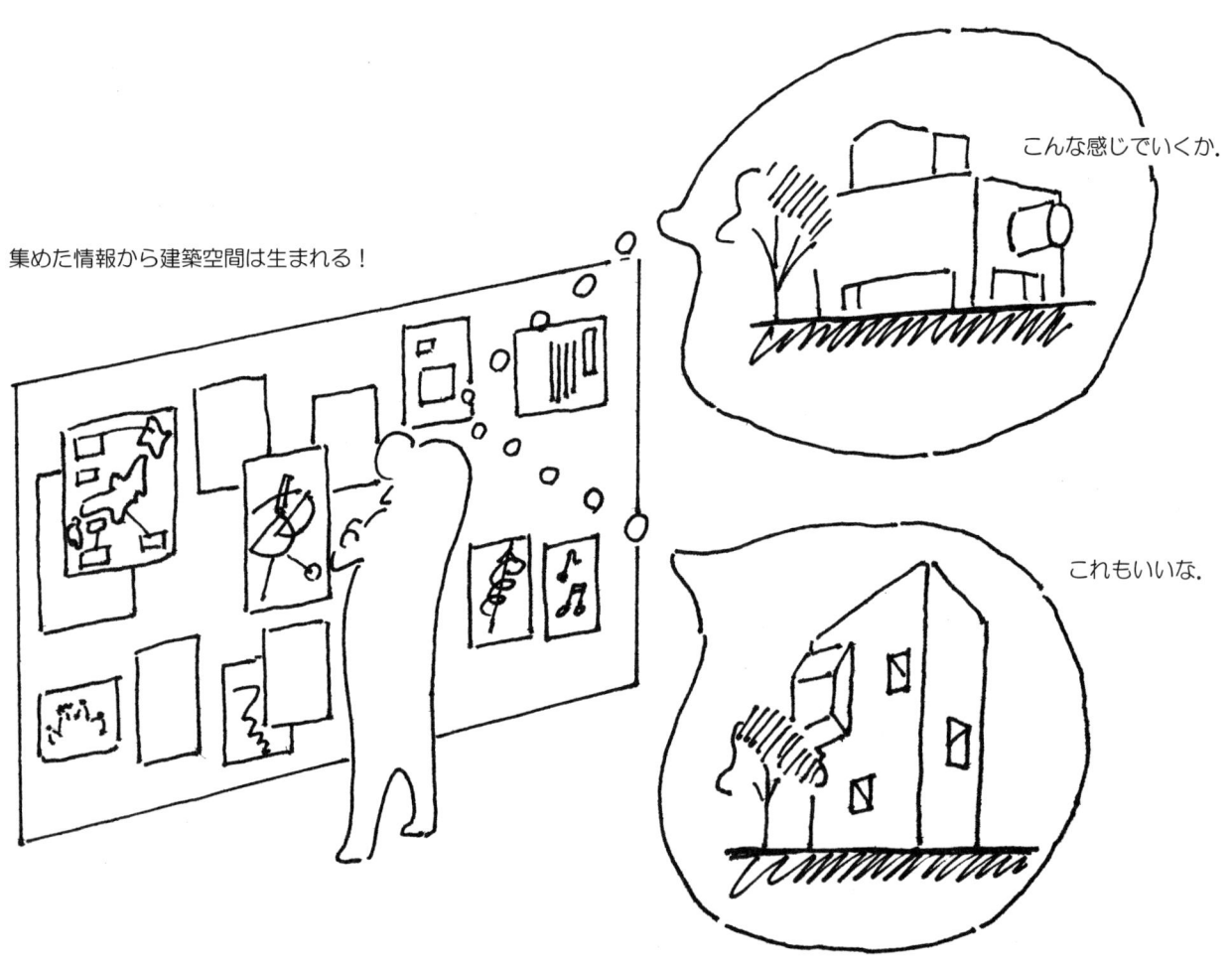

図2・1　建築空間の構築

## 2・2　課題の分析と提案のまとめ方

建築コンペにおける課題の内容は実にさまざまである．主に初学者を対象として大学や建築団体から出題される課題は，日々の生活や社会的な営みのあり方を考えさせる比較的身近なものが多い．また，一般を対象として企業から出題されるものには，哲学的な事柄や抽象的な事柄を課題として取り上げたもの，自社製品に絡んで提案を求めたものも見られる．

課題への取り組みは，応募要項にある出題の趣旨をしっかりと読みとることから始める．出題の主旨を十分に読み込んで理解しておかないと，最終的にまとめた提案が，的外れなものとなってしまうことがあるので注意が必要である．

次に，出題の主旨に関連する情報の収集を行う．必要に応じて，敷地調査や聞き取り調査などを行うことが望ましい．情報の収集は，出題の主旨に直接関連する事柄だけでなく，時代的・社会的な背景なども含めて収集することが望ましい．

次に，集められた情報は関連する事柄をまとめて，整理・分析を行う．その結果，新たな情報収集が必要となる場合もあるが，分析作業をする過程の中で提案に結びつくひらめきやアイデアが得られる場合が多い．

ひらめきやアイデアをもとに，提案の方向性を絞り込んでコンセプトとしてまとめ上げ，エスキースにつなげていく．

### (1) 情報の収集と分析

課題に関する情報の収集源は図2・2のように多様である．建築コンペの場合は，本，雑誌，新聞記事，TV番組，インターネット，過去の類似したコンペ課題，課題に類似した実例など，関連する情報・話題を数多く集めてみる．情報の集め方のヒントは，まず課題のタイトルに含まれる言葉について掘り下げて調べていくのが良い．

たとえば仮に，「終の棲家」という課題があったとする．終の棲家とは，国語辞書によると「最後に安住する所，これから死ぬまで住むべき所」とある．しかしながら「棲家」という文字は，国語辞書では「住処」という文字で

図2・2　建築空間を構築するための情報源

表現されている．棲家は本来，動物のねぐらを指すものであるが，課題として「棲家」の文字をわざわざ使うところに着目すべきであろう．

この課題の場合，まず，タイトルに関連する言葉として，終とか最終とは何か，棲家（住処）とか棲む（住む）とは何か，についてまず調べることから始める．課題を単純に解釈すると，「終の棲家」とは人が残りの人生を過ごすのにふさわしい住まい，ということになるだろう．また，「住む」とは「住み付く・居着く・安住・定住」などの意味がある．この意味合いから分析すると，今まで，さまざまな理由で棲家を替えて暮らしてきた人が，ようやく一所に心休まる棲家を手に入れて暮らす，ということが考えられる．「安住」や「定住」をキーワードとして，心休まる棲家のあり方を考えればよいかもしれない．しかし，「棲む」という言葉には，「ある領域に身を置く」とも意味合いが記されている．課題のタイトルを，さらに拡大して解釈しようとするならば，「棲家」とは空間としての「家」に限ったものではなく，社会生活の営みの中にも存在するであろう．この観点からすると，必ずしも「安住」や「定住」といったキーワードだけでは得ることの出来ない，逆説的な「棲家」の提案も考えられるかも知れない．

建築コンペである限り，建築空間についての提案をするのが当然である．しかし，人の心の中に存在するさまざまな概念や，事柄までを捉えて分析し，それを建築空間に反映させるようにすると独自の提案が可能となる．

卒業設計の課題は，具体的に公共図書館，コミュニティーホール，集合住宅，劇場，美術館，幼稚園など，社会に実在する建築物で公共性の高い建築物のカテゴリーの中から出題される場合が多い．情報は，実例の研究，実例が掲載された建築雑誌や，建築資料集成，インターネット等で対象建築物のおおまかなボリュームや空間構成（平面要素），質感などをつかむことができる．

情報の収集は，建築コンペ，卒業設計とも，直接出題に関連することが重要であるが，建築に関することについてのみ収集することは好ましくない．先に述べたように，建築は文化や刻々と変化する社会環境に大きく関わって成り立っている．したがって，建築を取り巻くさまざまな社会問題や環境問題など多方面にわたって捉えるようにする．設計しようとする建築空間が社会や個人に対して存在意味（価値）を持ち得るように，建築と社会の関わり，建築が社会に与える影響を十分に考えて，情報を集めることが重要である．

さらに建築コンペでは，審査員の建築的な思想や，審

表2・1 発想の例

| 課題名 | 発想の方向性 | |
|---|---|---|
| 外でも楽しく暮らす家 | <隙間の遊牧民> 都市のビルとビルの隙間を有効活用し，そこに楽しく暮らせる家を作ろう． | |
| | <内でも楽しく暮らす家> 我が家では，すでに外での暮らしを日常的に楽しんでいる．外と一体となって，内でも楽しく暮らせる家を提案する． | |
| 時間の中の住まい 私の世界遺産 | <廉売市場再生計画> 市場をリノベーションし，市場に住む人々の住居とコミュニティを活性化させよう．地域の遺産を守ろう． | |
| | <通り庭・露路物語> 伝統的な町家に現代的な生活感覚を取り入れ，未来に繋がる住まい作り，快適な住まい作りを目指す． | |
| まちなかに建つエコロジー住宅 | < Minimum CUBE 32 > まちなかの住宅密集地で，何軒かごとに集まって住む工夫を提案．コンパクトに住まう．まちなかに隙間が広がり，光と風が抜ける． | |
| | < 100 年家> エコロジカルな住宅とは，超寿命化を実現可能としたものをいう．ライフサイクルの変化に対応しやすく，構造的，設備的な部分も工夫する． | |
| モノと住む家 | <モノとヒトが同居する家> モノも家の住人と考え，モノとヒトが，同じレベルで7尺グリッドの空間ごとに同居する． | |
| | <タワーハウス> モノはタワーハウスのパレットに収納されている．必要なモノだけをボタンで呼び出す． | |

査員が設計をした作品等の研究も大変重要である．課題に対する建築的な提案や，空間の表現は自分自身の思考から生み出されることには違いなく，多種多様なものがあって当然である．しかしながら，建築生産活動において設計者（建築家）は自分の主義主張を持ちながらもクライアントの要求を満足させることができなければ優れた建築物は造れない．設計者の独りよがりの建築物では社会的な存在価値を発揮できない．

コンペは＜競技＞を意味する．勝つことが目標のすべてではないが，勝つためには審査する側をクライアントと考えて，審査員の好み・要求を自分なりに把握し，それに応えられる提案をして評価を勝ち取ることが望ましい．

情報の収集は，課題が出題されるごとに収集するのではなく，社会の諸問題に対して常に興味関心をもってアンテナを張っておき，日常的にさまざまな情報を収集して，その情報を蓄積しておくことが重要である．出題された課題の内容を自分の持っている情報に照らし合わせて課題を分析していく姿勢を常に持つようにすることが望ましい．

〔2〕発想の方向性

課題は，家族，社会，地球環境など現代が抱える諸問題を背景にして設定される場合が多い．漠然としたテーマの課題であっても，現代社会の諸問題などに絡めて提案を導き出した方が評価を得られる．

課題に関する情報を多く集め，それを整理・分析することにより，それぞれのコンペで期待されている事柄を探し出す．ここで重要なのは，課題をタイトルどおりに単純に解釈しようとするのではなく，本質的に求められている事柄を探し出すことである．

この提案が実現すれば社会をこんなふうに変えていける，というように，明確なメッセージを持って提案をすることが高い評価に結びつく．

提案に結びつく発想の方向は，初期段階では数多く用意されることが望ましい．ひとつのコンセプトとして提案がまとめられるまでには，さまざまな角度から検討を深めるようにする．

表2·1にひとつの課題に対し複数の発想があることの例を示す．

表2·2 提案の骨子の例（コンペの場合）

| 課題例 | サブタイトル | コンセプト |
|---|---|---|
| 家の中の自然現象の中の家 | 菌と共生する住まい | 日本人の生活の中にはかつて菌と共生する文化があった．味噌，醤油，納豆など菌の助けによって造られる食品を食し，それを家の中で製造保管していた．現代の住宅はそれらの菌が住めない環境になってしまっている．これは人間にとっても不健康な状態ではないだろうか？ 良き食文化を見直して菌と共生するとともに健全な食事・食品を取り戻そう． |
| 高齢者と若者のグループホーム | アジアンハウス | 私が住む街は，隣国や発展途上国からの若者の移民が多く住んでいる．しかしもともと街に住んでいた若い世代は郊外に移り住み，多くの高齢者が街中に住み続けている．この二つの人間関係をジョイントさせ，高齢化したミニ市場の商店主達と，その仕事を助けながら若者達が共同生活を営むアジアンハウスを提案する． |
| 街中のセカンドハウス | シアターハウス | 都市の中には立派なファサードの建築物が多くある．まれではあるが側面の壁が開口部や装飾もなく，まったく無味乾燥な建築物もある．その巨大なビルの壁に映画を映し出し，画面を独り占めに出来たらなんと素晴らしいことであろうか？ |
| これからの住まい | E2 House | 住まいも今や使い捨て感覚，消耗品としての認識が強くなってきた．住まいを買う商品であるとの感覚も．住まいのあり方も大きく地球環境に影響を与えていることを考え，エコロジー（環境保護），エボリューション（進化・発展）をテーマにした住まい作りを目指す．<br>二つのメッセージの頭文字をとりE2 Houseとしよう． |
| 自然力を利用した街中の住まい | 風打ち水ハウス | 私の住む街は斜面が多い．斜面の下部には密度の高い都市部が広がる．梅雨時期，雨の大半は地表に浸透することなく，一気に斜面を流れ落ち都市部でミニ洪水を引き起こす．この雨水を斜面に広がる住宅各個がタンクにため込み，夏の夕方，屋根に打ち水をする． |

## (3) コンセプト

建築コンペ，卒業設計において，課題の主旨に対してどのような提案にまとめるかが，作品制作のプロセスで最も重要な部分である．この段階で出題の主旨に対し，多くの人から共感が得られる解決策や空間のあり方を提案し，エスキースにつなげていく．いずれも，自分がどのような目的をもって，この建築物を設計したいのかという明確な目標を，提案としてまとめることが必要である．これから設計しようとする建築物に，説得力のある社会的な付加価値を与えることにより，建築的な存在価値も高くなり，エスキースにおける空間構成がまとめやすくなる．

建築コンペでは，出題の主旨を広義にとらえてコンセプトをまとめると独創性が増す．その結果，抽象的・概念的な建築空間の提案に成りうることもあるが，発想力を問われる建築コンペでは評価を得ることも可能である．

卒業設計では，豊かな発想を取り入れた現実的な建築空間の提案を，コンセプトとしてまとめる場合が多い．たとえば，図書館を設計課題とする場合，扱う書籍や，開館時間，立地条件や利用者などのソフト面に特色を持たせることによって，個性的な図書館の提案が可能になる．その上で，閲覧・学習・収納などのハード面としての空間のコンセプトをまとめるとよい．幼稚園や小学校を設計課題とする場合においても，児童・生徒の不登校の問題，人と交わりたがらない子供達やいじめの問題など，現代社会が抱える教育問題の解決の一端が建築空間に求められている場合もある．さまざまな問題と真剣に向き合いながらコンセプトをまとめることは重要である．

提案の骨子は，表2・2，表2・3のようにアピール度の高い，短いサブタイトル（コンセプトを凝縮したもの）にまとめる．サブタイトルは，明確でシンプルな主張とし，自分が何を言いたいのかがサブタイトルを見れば一瞬で理解できるようにまとめ上げることが大切である．とくにコンペ図面の場は審査の際に目にとまりやすく，インパクトのある表現にすることが重要である．

サブタイトルは，明確な主張であるほどその後の空間を創造する作業（エスキース）は容易となる．作品制作においては，多くの時間をこの部分の作業に割き，検討を深めることが大変重要である．

表2・3 提案の骨子の例（卒業設計の場合）

| 課題例 | サブタイトル | コンセプト |
|---|---|---|
| 地域コミュニティセンター | ○○キャナルフォーラム | ○○市の湾岸部に○○運河がある．この運河はかつて波の高い外海のバイパスとして多くの船舶が行き交っていた．現在，船舶の性能の向上に伴い，この運河は利用されなくなった．貯木場の跡地を含め，波の穏やかな広大な水面は市民の心をいやしてくれる．ここに市民が憩いを求めて集う仕掛けを作りたい．地域図書館，さまざまな研修教室，ヨットクラブなどの施設を融合させて地域を活性化させる施設としたい． |
| 図書館 | ステーションライブラリー | 日々あわただしく生活をしているビジネスマンには，探し求めたい本があってもなかなか図書館に出向く時間が確保できない．一方，駅に近い書店では多くの人々が立ち読みで本との接触を図っている．駅の改札の周辺に忙しいビジネスマンを対象にした図書館を計画すれば大いに活用されるだろう． |
| 資料館 | ○○池昆虫館 | 私の住む街には，昔，田園風景が広がっていた頃に田畑に水を供給するための○○池がある．今，その池は市民の憩いの場として休日には多くの人々が訪れている．いまだに多くのトンボが宙を舞い，その他の昆虫も姿を見せる．その昔は周囲のせせらぎでホタルも舞ったという．昆虫たちの生態を知らない現代の子供達に，その素晴らしさ，大切さを理解してもらえるミニテーマパークを作りたい． |
| 小学校 | ボーダーレススクール | 現代の子供達の中には，さまざまな心の病を持っている子が存在する．人と交わることを嫌がる子，逆に自分の自我を強烈に主張する子．その実態も多様である．無味乾燥な箱的な教室で構成される多くの学校建築では，心の病を解すことはできない．壁を取り払い，広がりのある空間を確保する．外と中の境目もなくして自然の息吹も感じながら生活をする．多くの人から見守られることにより子供達は成長するべきである．一人だけにさせない，人と空間のつながりを求めたい． |

## (4) 卒業設計の課題の概要

先に述べたように，卒業設計の課題としては，公共性の高い建築物が採用される場合が多い．

計画上の留意点や，所要室などをまとめると表2・4のようになる．この資料を起点として，設計に取り組みたい建築物のイメージをまとめるとよい．

表2・4 卒業設計で取り上げられる建築物の概略

| 建築物 | 博物館・美術館 | 地域図書館 | 幼稚園 |
|---|---|---|---|
| 計画の留意点 | 計画に先立ち，展示物の概略を定める．総合，人文系，自然系などの展示が考えられるが，展示物によって展示空間の構成や収蔵のあり方も変わる．<br>管理部門が占める割合も多く，動線計画に留意する．疲れを感じずに鑑賞できるように，休憩コーナーを適所に配置する．<br>また，調査研究部門を充実させ，地域の教育機関としての存在価値も高めるようにするとよい． | 地域図書館は，図書の貸し出しを主体とする施設である．地域の人々にとって親しみやすく，入りやすい雰囲気となるように計画する．<br>扱う図書の内容や，会館時間などのサービス目標を設定し，少人数の館員でも管理が容易であるようにする．<br>また，子供や若者が本を読まない（活字離れ）ことが情操教育的に問題視されている．情報が氾濫する現代社会の中で，本と触れ合うことの魅力を感じられるような空間となるように計画する． | 幼児期の，身体的・精神的な発達を援助できる，のびやかな建築空間を計画する．<br>幼児期の教育は，屋内，屋外のスペースを最大限に活用して展開されることが望ましい．屋内，屋外空間の連続性を高め，開放的な空間構成とし，幼児の活動を高められるようにする．<br>建築物の設計においては幼児の身体寸法が基準となる． |
| 所要室 | ＜利用スペース＞<br>展示室（常設，企画），講演・集会室，エントランスホール<br>＜管理スペース＞<br>・資料関係<br>収蔵庫，荷解き室，消毒室，修理室<br>・館員関係<br>館長室，事務室，会議室，電気・機械室<br>・調査研究関係<br>研究室，写場，図書・資料室 | ＜利用スペース＞<br>開架閲覧室（成人，児童），レファレンスルーム，ブラウジングルーム，オーディオビジュアル（AV）ルーム，小集会室，エントランスホール<br>＜管理スペース＞<br>管理・事務室，貸し出しカウンター，整理作業室，収蔵スペース，移動図書館（BM・ブックモービル），機械室 | ＜保育スペース＞<br>保育室，遊戯室，図書室，作業室，居残り室，水周りスペース<br>＜管理スペース＞<br>職員室・事務室，園長室，会議室，保健室 |
| その他必要な施設，設備 | 屋外展示場，屋外創作コーナー，催し物の空間，駐車場，駐輪場，搬入経路，レストラン，喫茶室，売店 | 駐輪場，駐車場，搬入経路，喫茶室 | 運動場，遊び庭，足洗い場，水飲み場，駐車場（スクールバス） |
| 複合可能な建築物 | 商業施設<br>ホテル<br>事務所 | コミュニティ施設<br>商業施設<br>駅ビル<br>学校 | 高齢者施設<br>大学（付属として）<br>保育所（認定こども園として） |
| 備考 | 博物館・美術館とも展示物の多様化が進んでいる．館の特性を検討すると同時に，多様な展示に対応できるように展示室はフレキシブルな空間とする． | 図書館の規模は，サービス圏と登録者数によって年間貸出冊数を想定し，それから必要開架冊数を決める．必要開架冊数に対して建築物の延べ面積が決まる． | 学校教育法に基づく幼稚園設置基準（文部科学省令）に，敷地面積，園舎の面積，運動場の面積などが定められている． |

| 事務所 | 集合住宅 | コミュニティ施設 | 高齢者福祉施設 |
|---|---|---|---|
| 今日の事務所建築は，情報の高度化，複雑化に伴い，より一層のインテリジェント化が求められている．また，事務所を利用する人々や，都市空間に対する潤いのスペースとして，公開空地や屋上緑化スペースなども求められている．<br><br>また，環境的にも自然換気や通風などに考慮し，総合的にバランスのとれた計画が必要とされている． | 集合住宅の計画は，魅力ある住戸と，それらの住戸をいかに集合化させるかを考える．共用空間は，住民の生活を活性化できるように工夫する．また，プライバシーにはじゅうぶん配慮して計画しなければならない．<br><br>さらに，避難・防災などの計画にも留意する．また，集合住宅の長寿命化をめざして，スケルトン・インフィル方式などの考え方も重要である． | コミュニティ施設は，不特定多数の利用者があり，幼児，高齢者，障害者の利用に配慮し，わかりやすい空間構成とすることが重要である．<br><br>また，住民の要求の変化に対応できるように，フレキシブルな空間とする．これは単に目的の部屋の利用のみではなく，他の部分との利用促進の上からも検討が必要である． | 高齢社会を迎えた今日，高齢者が安心してかつ安全に暮らせるための施設の充実が求められている．<br><br>健康の保持増進や教養講座の場，健康・就労・生活などの相談の場，機能訓練や老人クラブの援助等，高齢者の健康で生きがいのある生活づくりの場として，多様なニーズに対応できるように計画しなければならない． |
| ＜事務スペース＞<br>事務室，受付，会議室，応接室，資料室，書庫<br>＜事務外スペース＞<br>店舗，倉庫，駐車場<br>＜共用スペース＞<br>玄関，エントランスホール，エレベーター，階段室，給湯室，駐車場<br>＜管理スペース＞<br>管理事務室，守衛・警備室，防災センター<br>＜設備スペース＞<br>空気調和機械室，電気室，EV機械室，受水槽，ポンプ室 | ＜住戸＞<br>フラット，スキップ，メゾネット，スキップメゾネット，3層メゾネット，クロスメゾネット<br>＜共用スペース＞<br>玄関・エントランスホール，集合郵便受け，階段，廊下，エレベーター，集会室，共同浴場，娯楽室<br>＜管理スペース＞<br>管理人室，電気室 | ＜利用スペース＞<br>研修室，会議室，調理実習室，工作室，遊戯室，集会室，図書室，展示室，機能訓練室，視聴覚室，体育室，宿泊室，ロッカー室，エントランスホール<br>＜管理スペース＞<br>管理・事務室，受付，指導員室，機械室 | ＜利用スペース＞<br>デイルーム，娯楽室，講座室，運動訓練室，相談室，図書室，和室，茶室，休憩室，カフェコーナー，浴室・脱衣室，エントランスホール<br>＜管理スペース＞<br>事務室，スタッフルーム，面接室，会議室，休憩室<br>＜サービススペース＞<br>調理室，機械室 |
| 車寄せ，緑化スペース<br>駐車場，駐輪場 | コモンスペース，駐車場，駐輪場，ゴミ集積場，受水槽 | 屋外研修（作業）コーナー，駐輪場，駐車場，レストラン，喫茶室 | 屋外訓練スペース（中庭，屋上），団欒スペース，屋外作業スペース，駐車場 |
| 商業施設<br>スポーツクラブ<br>各種クリニック | 商業施設<br>スポーツクラブ | 庁舎<br>学校<br>商業施設 | 庁舎<br>コミュニティ施設<br>病院<br>幼稚園 |
| 自社ビルか貸しビルかによって，収益・非収益部分の比率が異なり，平面計画，および外観のデザインの自由度は異なる． | 集合住宅は，ニュータウンとしての計画や，都市の再開発の一部として計画される場合がある．地域社会環境とのつながりを考慮する． | 災害時には，地域の避難所としての利用についても配慮をする．さまざまな要素を複合させて計画するとよい． | 在宅高齢者を対象とした，デイケアセンターなどの要素も含み，地域に開かれた施設とする． |

# 第3章 エスキースのプロセス

## 3・1 エスキースの進め方

コンセプトが明確になったら，次はそのコンセプトに沿ってエスキースを開始する．コンセプトはひとつでも，空間的にはいくつかの方向性が生まれる．手と頭を働かせて検討を深める中で，方向性やイメージを整理し，コンセプトが十分に生かされた建築空間となるように検討を進める．

エスキースは，大雑把な空間のイメージをスケッチや模型を活用して徐々に現実化していく．

### 〔1〕ひらめきの記録

コンセプトや，それを凝縮したサブタイトルに基づいてひらめいたアイデアは，そのつど図3・1のようにスケッチブックなどに記録する．アイデアは言葉や文章で記録したり，断片的な空間のイメージをスケッチしておく．紙と筆記用具があればいつでもどこでも可能な作業である．書き留めたアイデアは，再度確認しながら取捨選択し，煮詰めていく．エスキースの初期段階では，リアルな空間がイメージできるものではないので，このような作業を繰り返しながら，具体的なイメージを徐々に固めていく．最初のひらめきで「これだ！」と思っていたアイデアがなかなかまとまらなかったり，検討を繰り返す中で新たに魅力的なアイデアが出てくる場合もある．早くから空間のイメージを固定化せず，柔軟に思考することが大切である．

敷地条件があらかじめ定められている場合は，後述する＜条件の整理＞を検討した上で行う．

### 〔2〕条件の整理

エスキースを始めるにあたり下記のような条件の整理・設定を行う．

**1) 敷地と周辺環境の設定**

建築コンペでは，敷地や敷地の周辺環境を設計者が設定する場合が多いが，課題によっては敷地条件が設定されている場合もある．自分で敷地条件を設定する場合は，図3・2のように，課題の内容や自分の決めたコンセプトを反映させやすいような敷地条件，および周辺環境の設定を行なう．

敷地条件や周辺環境の設定は，実在するものを設定す

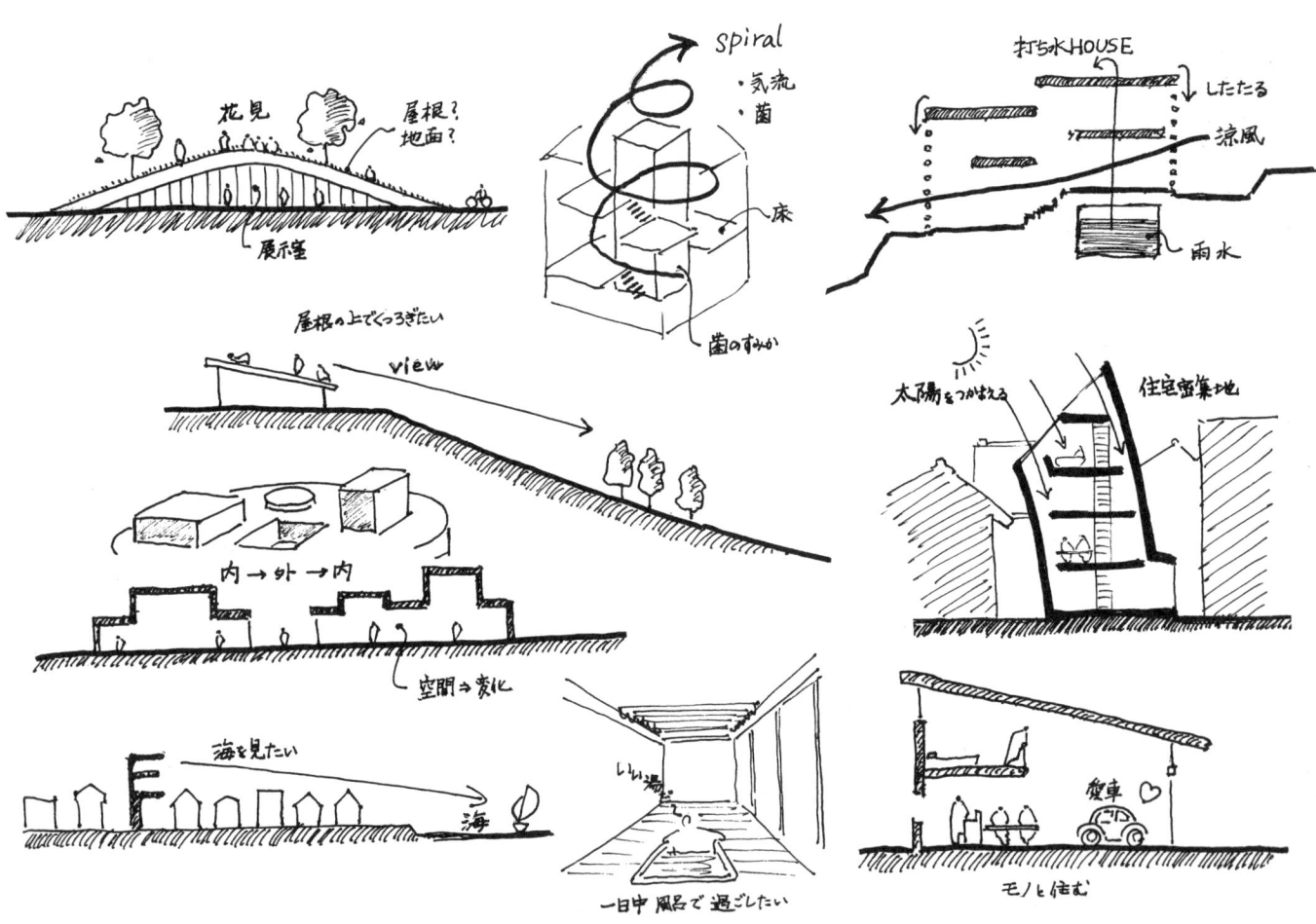

図3・1 アイデアを書き留めた例

る場合と，架空のものを設定する場合，あるいはどこにでも建築可能な設定を主張するために，あえて場所を特定しない場合などに分けられる．

卒業設計の敷地条件，周辺環境の設定も設計者本人にゆだねられる場合が多いが，この場合も自分が考えた設計の方向性を反映させやすい条件設定を行うようにする．具体的な建築物の設計を行う場合は，現実に存在する敷地を詳細に取り上げて条件設定を行った方が設計しやすい．仮りの設定であっても，敷地の形状・高低差，周辺状況を詳細に設定するようにする．なお，この場合，提出する用紙の大きさや表現する縮尺を考えて敷地条件を設定しなければならない．

建築コンペ，卒業設計とも実在する敷地，周辺環境を取り上げる場合は，図3・3のようにその状況を詳細に調査し，図面化しておくことが大変重要である．これをデザインサーヴェイという．

この調査は，2章で述べたように課題を分析する際の資料集めの段階で大まかにされているはずであるが，エス

街の中のセカンドハウス
＜シアターハウス＞
街中にある，窓の開いていない白い壁面を持つビルを見つける．壁に映画を映し出して，自分専用の映画館にしよう．

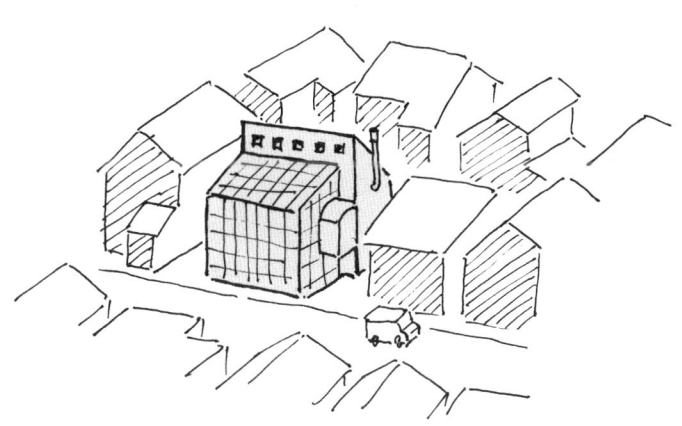

余暇農業のできる自然重視のすまい
＜Indoor Farm の家＞
余暇農業を，街中の住宅密集地で実現しよう．
家の半分をガラスの温室とし，野菜や果物づくりを楽しもう．

図3・2 敷地と周辺環境の設定の例

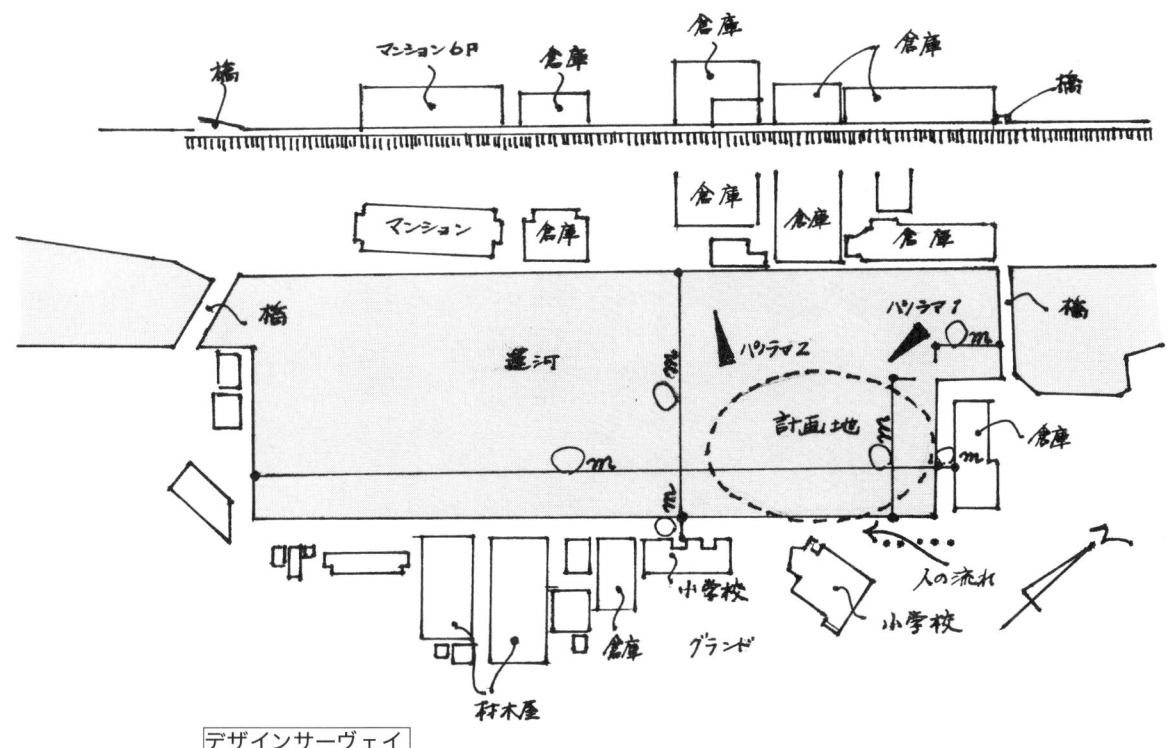

デザインサーヴェイ
計画予定地の大きさ，高低差，周辺状況，環境（日照，通風）を詳細に記録する．

図3・3 デザインサーヴェイの例

キースの段階では具体的に，敷地の大きさ・形状，方位，高低差，周辺の建築物の形状や周辺の環境，風の流れや日照条件など，エスキースを進める上で計画に影響がある要素を可能な限り拾い上げて図面化する．

調査は，地図（都市計画図，住宅地図，インターネットからダウンロードした地図など）をもとに行う．必要に応じて簡単な測量なども実施する．また敷地は，カメラを用いて周辺環境を含むさまざまな方向を記録しておく．図3・4のように，敷地からみたパノラマ写真を作成しておくと，エスキースを進める上で大変効果的である．

**2）建築物のボリュームの把握**

建築コンペ，卒業設計とも，提出する図面の用紙サイズは，A1もしくはA2サイズに指定される場合が多い．また，要求図面の種類や，各図面の縮尺も指定される場合がある．縮尺が選択できる場合は，コンセプトを表現しやすい縮尺とする．

計画に先立ち，指定サイズの用紙に要求された図面，表現したい縮尺で計画した建築物を納めきるためには，図3・5のように，あらかじめ用紙のサイズとのバランスを考えた敷地の大きさ，建築物のボリュームを把握しておかなければならない．エスキースが終了し，図面製作に取りかかった段階で，せっかく設計した建築物の図面が，表現したい縮尺で提出用紙に納まりきらないということにならないように注意する．どうしても計画しようとする建築物の必要図面が用紙に納まりきらない場合には，図面の一部を省略するなど，図面の表現方法を工夫する必要がある．

**〔3〕イメージの具体化**

さまざまな「ひらめき」を記録し，条件を整理した上で，いよいよ建築空間の具体的な設計に取り掛かる．イメージを膨らませて建築空間へと具体化する手がかりとして，後述する「3・2 イメージをカタチにする」を活用するとよい．自分の提案を具体化するためのキーワードを手がかりに，さまざまな空間構成の手法を用いて具体化していく．

**1）空間全体のイメージの構築**

敷地条件や周辺状況を設定し，設計条件等を整理した段階で，コンセプトを反映させた大まかな空間のイメージをスケッチしてみる．スケッチは図3・6(a)のように設計しようとする建築物をなるべく立体的にとらえて検討することが望ましい．この時点では，平面計画や，断面計

図3・4　パノラマ写真の例

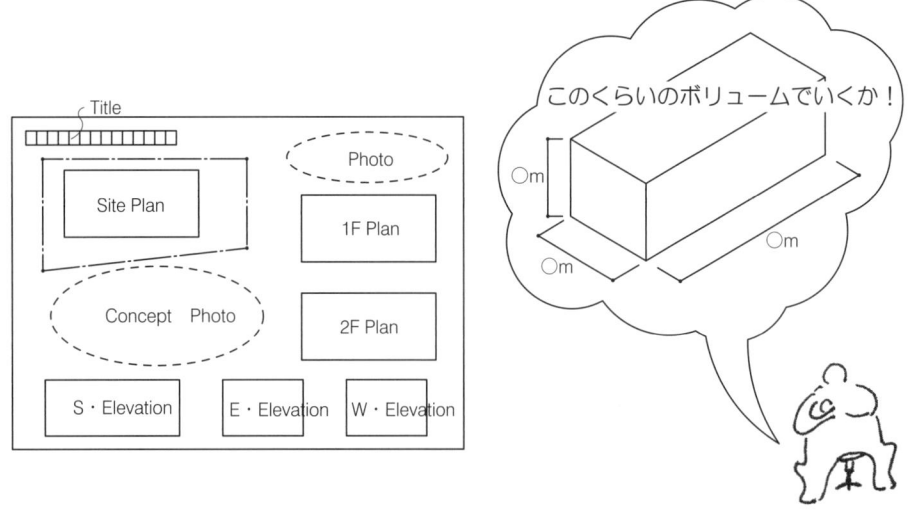

図3・5　建築物のボリュームの検討

画といった具体的な検討に入るのではなく，それらの要素を大まかにイメージしながら，計画の柱となるいくつかのキーワードをどのように設定条件と関わらせていくかという摺り合わせを行う．スケッチは建築空間だけではなく，敷地周辺から建築物へのアプローチや，屋外施設などの要素も含んで検討を深める．

計画を進める中で，新たな提案や二次的な提案が考えられるが，あれもこれもと計画の中に盛り込んでいくと，主張したいメッセージがわかりづらくなる．特に建築コンペでは，審査の際に強いメッセージ性が求められるので，自分がこの計画で何をしたいのか，社会に何を発信したいのかを常に念頭に置き，焦点がぼやけないように留意しながら検討を進める．

**2）全体のイメージの分解と再結合**

各部のボリュームや構成など，空間全体のイメージが決定した段階で，その空間を，図3・6(b)のように平面，断面，立面，構造やディティールなどのエレメント（要素）に分解して検討をする．

ただし，この場合もそれぞれ分解したエレメントに対して個々にエスキースを進めるのではなく，常にそれぞ

(a)全体のイメージ

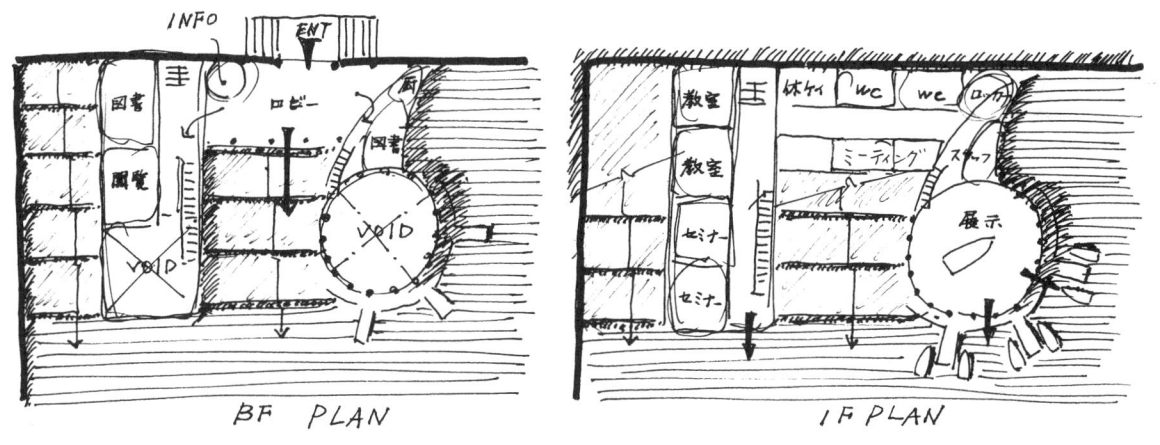

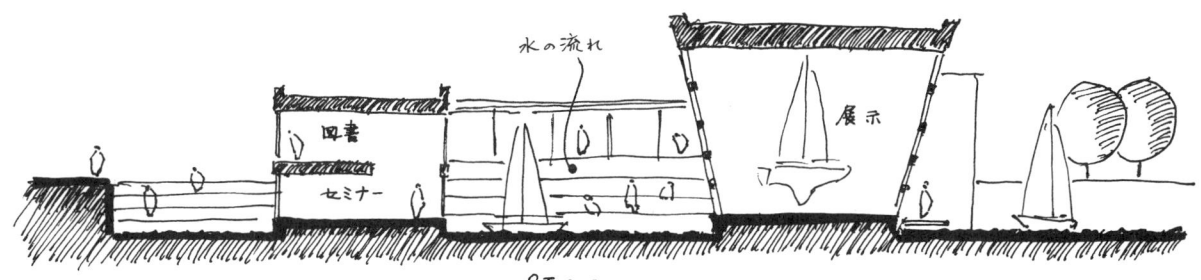

(b)全体のイメージの分解・検討

図3・6　空間イメージの構築

れのエレメントを関連させながら検討を進め，適宜，分解したエレメントを全体のボリュームに戻して検討し，また分解して考えるというフィードバックを繰り返しながら，空間全体の完成度を徐々に高めていく．また，それぞれのエレメントにおいても，コンセプトが具現化されるように心がけることが大切である．さらに，諸室の配置や，動線計画においても，建築物全体の機能が円滑に発揮できるように留意する．

主張する内容によっては，構造的な検討や，設備的な裏づけの検討もする．

### 3）イメージの決定

大まかなイメージで捉えた建築物全体を，それを構成するエレメントとして分解，また組み立てるという作業を繰り返し，徐々に建築空間全体の構成を決定していく．

エスキースの初期段階ではコンセプトに対し，数通りの方向性がある場合もあるが，徐々に絞り込み，どの方向性が最も具現するプランであるかをエスキースの途中段階で決定する．このとき第三者に意見を求めて参考にすることも重要である．計画を進めるうちにピントがずれてしまっていたり，自分の思い込みだけで第三者にコンセプトが伝わりづらくなっている場合があるので，客観的な意見による軌道修正も場合によって必要である．

### 4）ブロックプランを検討する

卒業設計やコンペでも，規模の大きな建築物を計画する場合はブロックプランを検討する．

ブロックプランに先立ち，設計しようとする建築物のなかで行われる人々の生活行為を抽出し，分析をしておく．抽出された生活行為に対してどのような空間が必要になるかを考え，また必要に応じて生活行為をサポートする家具や諸設備も抽出しておく．これらの作業は，2章で述べたように課題の分析や調査でエスキースに取りかかる前段階として準備されているが，エスキースに際してはこれら抽出した生活行為に対応する空間の内容を検討し，共通する機能や性格を持つ部屋を組み合わせてグループ化する（ブロック分け）．また，それぞれのブロックが機能的に働いて建築空間を構成するようにブロックの組み合わせや相互の関連を考えたブロックプランを検討する（図3·7）．

ブロックプランは平面的，立体的に作成し，検討を深める．また，考えられる限りいくつかのブロックプランを作成して，敷地条件や周辺環境に対応したプランニングができるようにする．

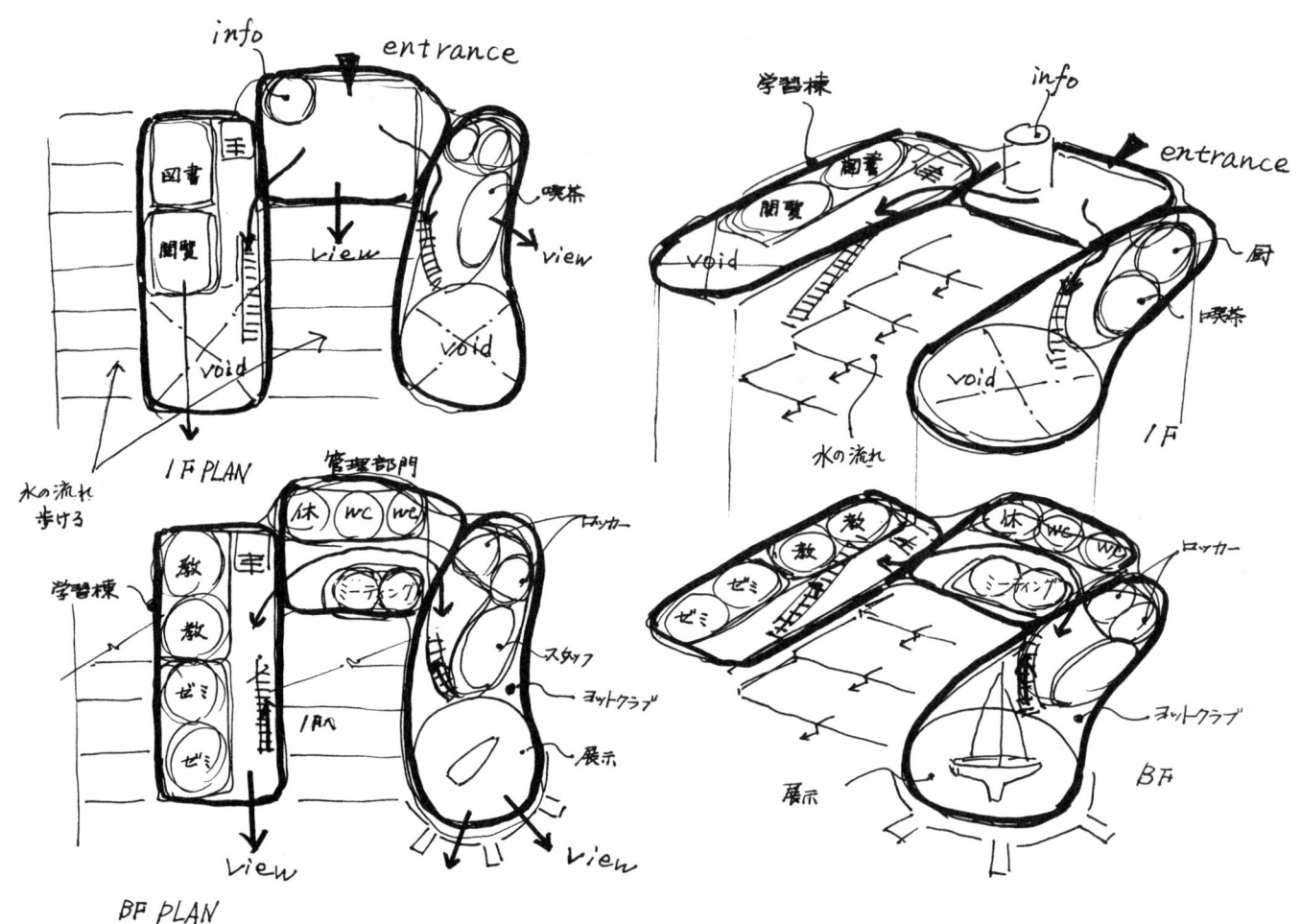

図3·7　ブロックプランの例（卒業設計）

## 〔4〕模型と3Dソフトの活用

### 1) 模型の利用

エスキースの全段階を通じて，模型を活用して検討を深めることができる．模型は，建築物のボリュームや形状（見えがかり）の確認に最も有効である．また模型を製作する過程の中で，新たな空間のイメージやひらめきを得ることもできる．模型から図面へのフィードバックも往々にしてあり得る．

エスキースで活用される模型をスタディ模型といい，次のようなものがある（図3·8）．

◆a **ボリューム検討模型**　エスキースの初期に活用されるもので，建築物本体の立体感をつかんだり，敷地周辺状況との関わりなどを検討するためのもの．

◆b **パターン検討模型**　同じコンセプトであっても具現できる建築空間は幾通りかある．何通りかの形の異なった模型を制作し，最終的なプランを決定するためのもの．

◆c **素材検討模型**　同じボリュームの建築物であってもガラスで造るのとコンクリートで造るのとでは印象がまったく異なる．使用する材料に似せた材料で模型を造り，使用素材の違いによる印象を検討するもの．

### 2) 3DCADソフトの利用

3DCADソフトは，エスキースの初期段階から最終段階までの全般を通じて，空間を立体的に把握するのに大変有効である．3DCADソフトでは，図3·9のような検討が可能である．

◆a **ボリュームの確認**　エスキースの初期段階で，空間全体のボリュームや形状の検討ができる．さまざまな空間のパターンなども容易に確認できる．

◆b **内部空間の構成の確認**　エスキースがかなり煮詰まった段階で，内部空間の見えがかりや光の入り方などの確認ができる．

◆c **全体構成の仕上がりの確認**　3DCADソフトでは容易に空間のエレメント（天井・壁・床・開口部）の素材を入れ替えられる．素材を入れ替えることにより当然，建築空間の質は変化する．コンセプトを具現するのにふさわしい使用素材は何かを検討できる．

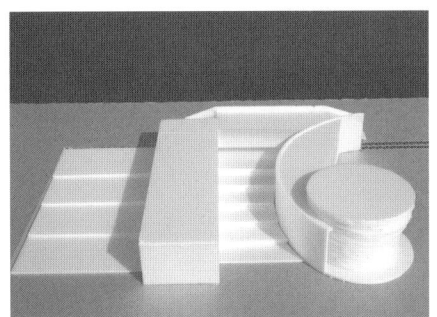

(a)ボリューム検討模型
初期にイメージした空間全体を，スチレンボードで表現する

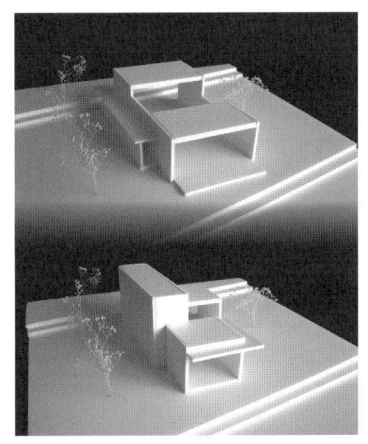

(b)パターン検討模型
同一の敷地，同一のコンセプトでも空間構成を変えた例

(c)素材検討模型
上：木質系材料による表現，下：金属系材料による表現

図3·8　スタディ模型の例

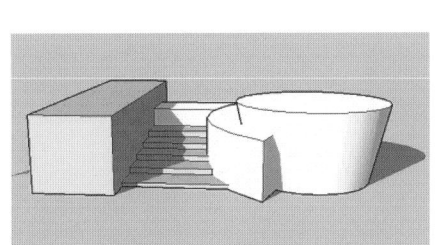

(a)ボリュームの確認
（Google SketchUp 使用）

(b)内部空間の構成の確認
（提供：神戸電子専門学校建築インテリアデザイン科）

(c)全体構成の仕上がりの確認
（提供：神戸電子専門学校建築インテリアデザイン科）

図3·9　3DCADソフトを活用した例

## 3・2 イメージをカタチにする

本節では，漠然としたイメージを具体的な建築空間へと発展させるためのさまざまな「ヒント（手がかり）」について述べる．

〔1〕の「空間の構成手法を知る」では，建築物の全体のシルエットを構成するためのヒントを示し，〔2〕の「キーワードから建築空間を考える」では，設計の手がかりとなるように，キーワードから連想されるさまざまなイメージを示す．

コンペや卒業設計における課題のエスキースに際し，この「ヒント」の中から，イメージを具体化する手がかりを見つけ，発展させていくようにする．

ただし，ここに挙げた「ヒント」はさまざまな課題に対する無限の解決策・提案のごく一部である．初学者のみなさん自身が，日頃の学習や研究，日常生活の中からさまざまな課題に対するさまざまな手がかりを見つけだす

ことが大切である．

### 〔1〕空間の構成手法を知る

建築空間は，床，壁，屋根のエレメントで3次元のボリュームが構成される．エレメントによって形作られた建築空間はさまざまな形態となる．

空間構成を考える上で重要なことは，コンセプトを十分に反映させることである．コンセプトはさまざまなキーワードを手がかりに作り上げられていく．建築空間を構成する手がかりとして，キーワードから導き出された「ヒント」を活用することになる．ただし，キーワードから建築空間を模索するにあたり，建築空間全体のボリューム構成の基礎的な手法を知らなければひらめいたヒントを発展させることができない．

ここでは，キーワードを建築空間に発展させるために

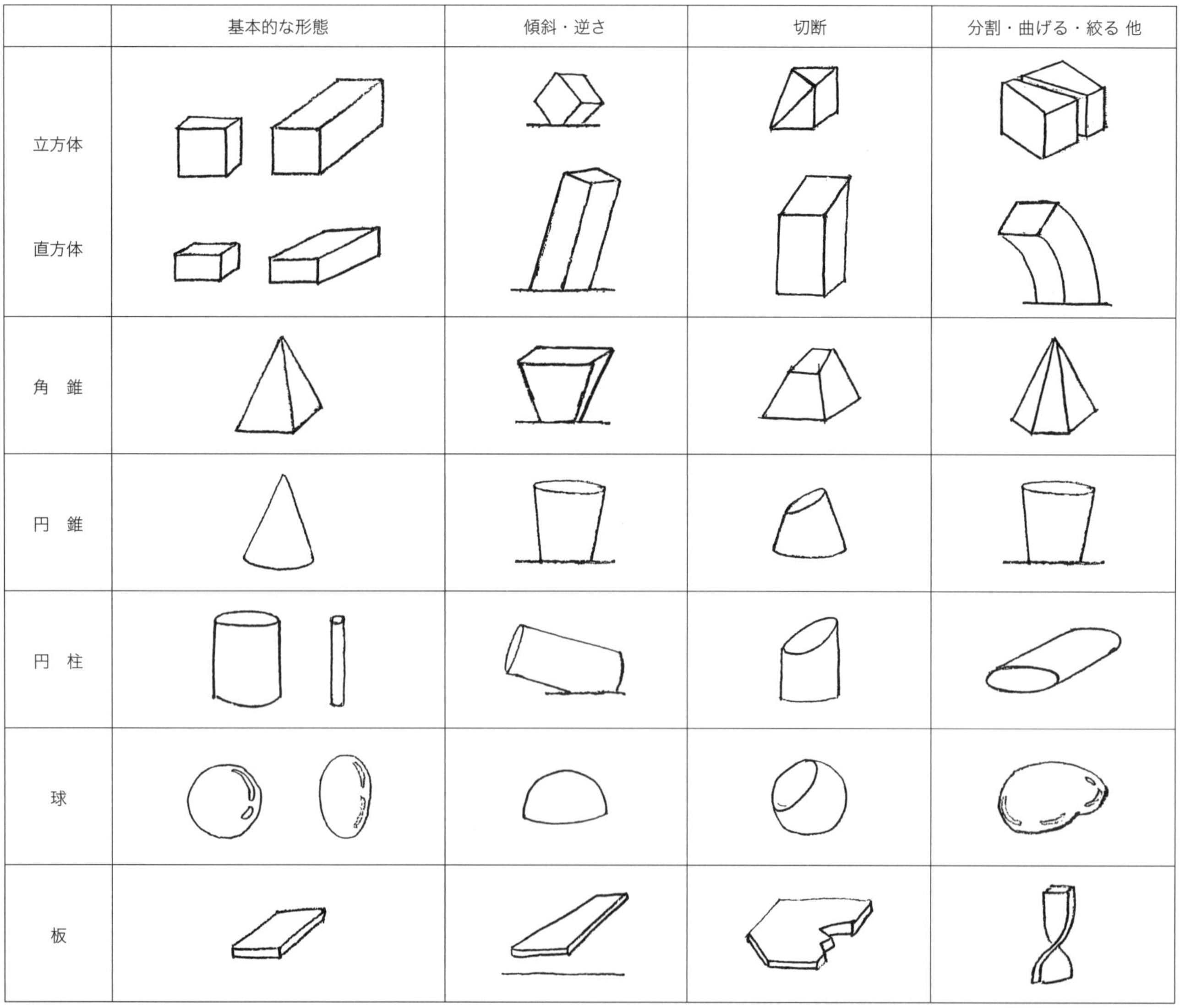

図3・10　基礎的形態の整理

必要な，全体のボリューム構成の基礎的な手法を学ぶ．これらの手法を知っておくことで，キーワードから得た手がかりをあらゆる方向に発展させることができる．場合によっては，ここで学ぶ構成手法自体が課題に対する解答に結びつくこともある．

空間の構成手法は，ここで挙げた手法以外にも自然界が作り上げた造形や，建築空間以外の造形の中にも数多く存在する．多方面にわたる知識，経験，判断力を養い，既存の観念にとらわれずに視野を広げて取り組むことが大切である．

**1） 形態（カタチ）を考える**

さまざまなカタチをイメージするために，基礎的な形態を整理すると図3·10のようになる．

図3·11は，基礎的な形態を建築空間へと発展させるため，ひとつひとつの形態に対して平面的につなげる・集める・抜き取る・交差させる・仕切るなどの操作を行うことにより建築としての空間を構成する手法を示したものである．

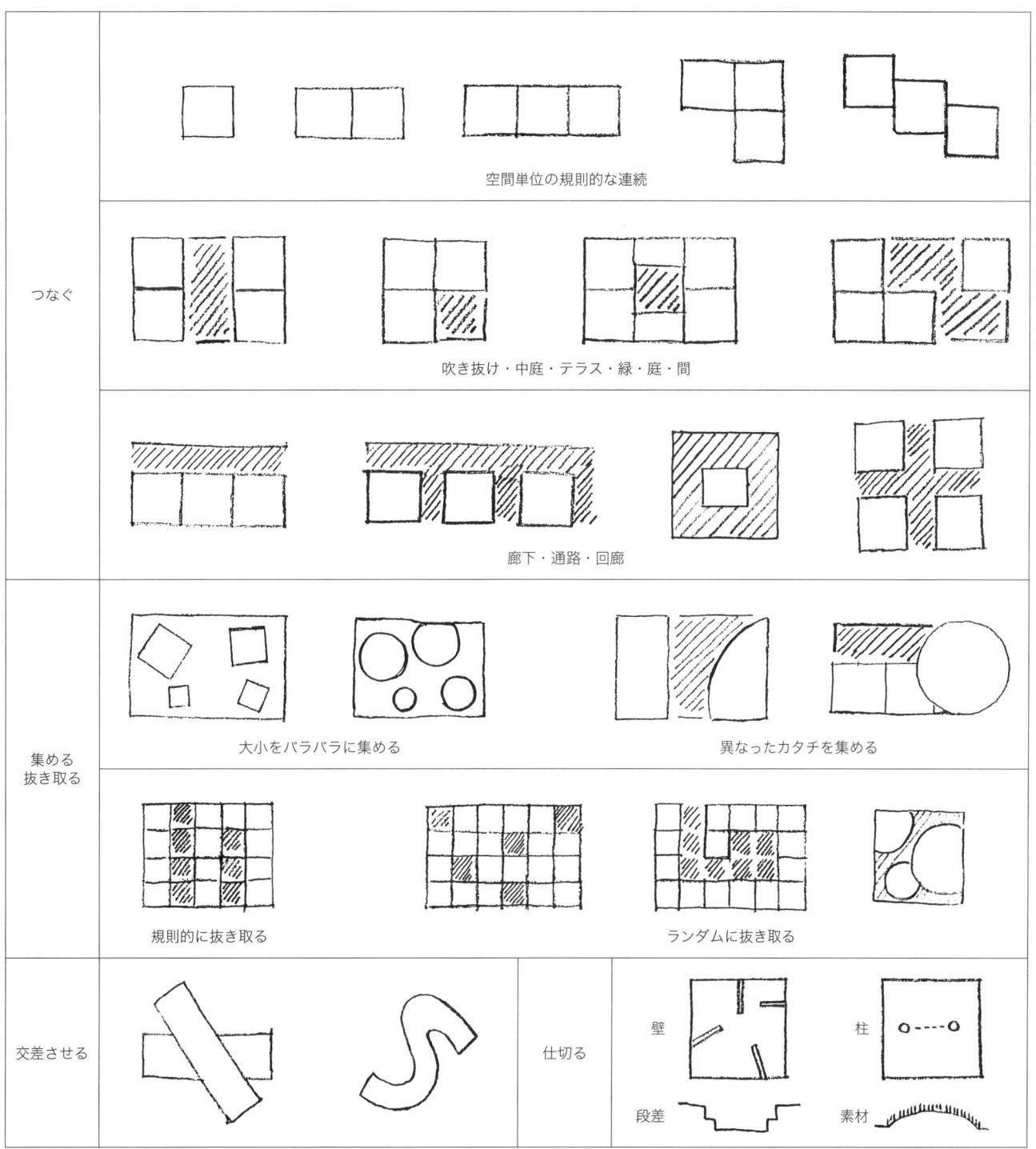

図3·11　基礎的形態の平面的な発展

また図3·12のように，ひとつのキューブを基本として，カタチを立体的に発展・展開することができる．

**2）建築空間の基本的な要素**

建築物を構成する基本的な要素（エレメント）は，床・壁・屋根である．これらの要素の基本的な構成を知ることにより，具体的な建築空間へと発展させることができる．魅力的な空間を生み出すには，床・壁・屋根（または天井）のあり方を柔軟に捉えることが求められる（図3·13，14，15）．

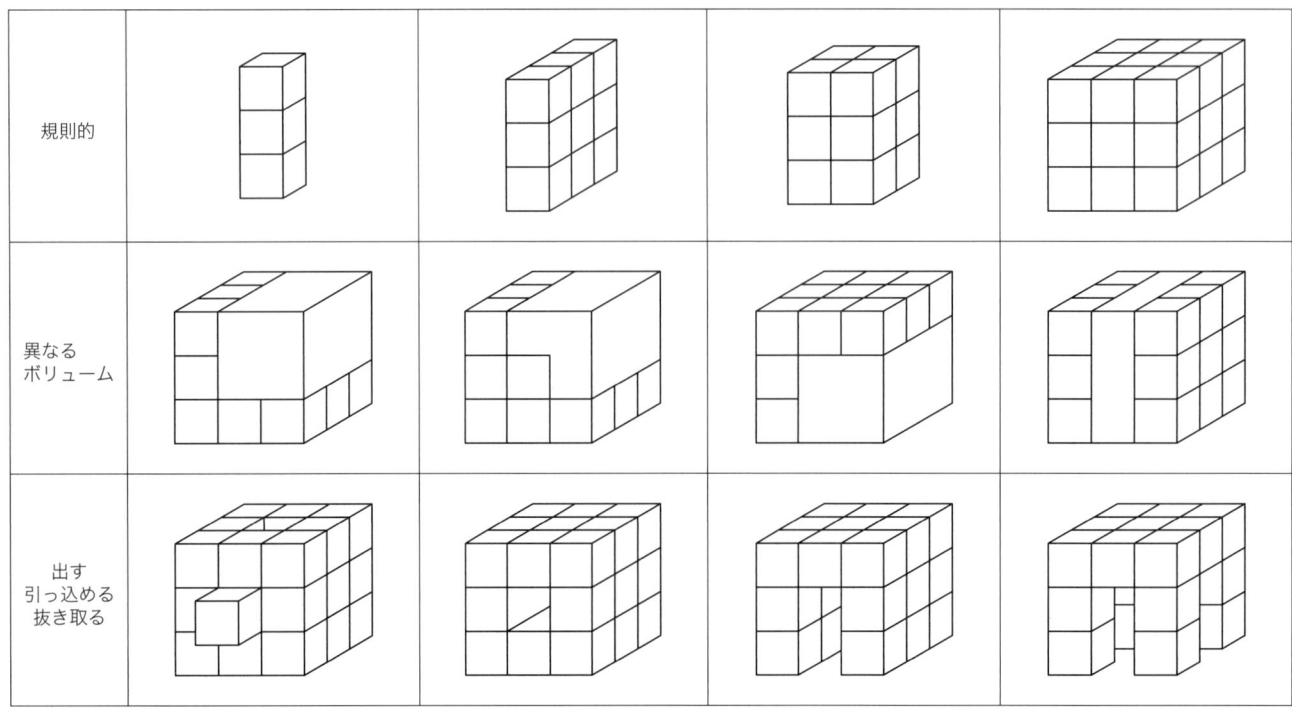

図3·12　基礎的形態の立体的な発展

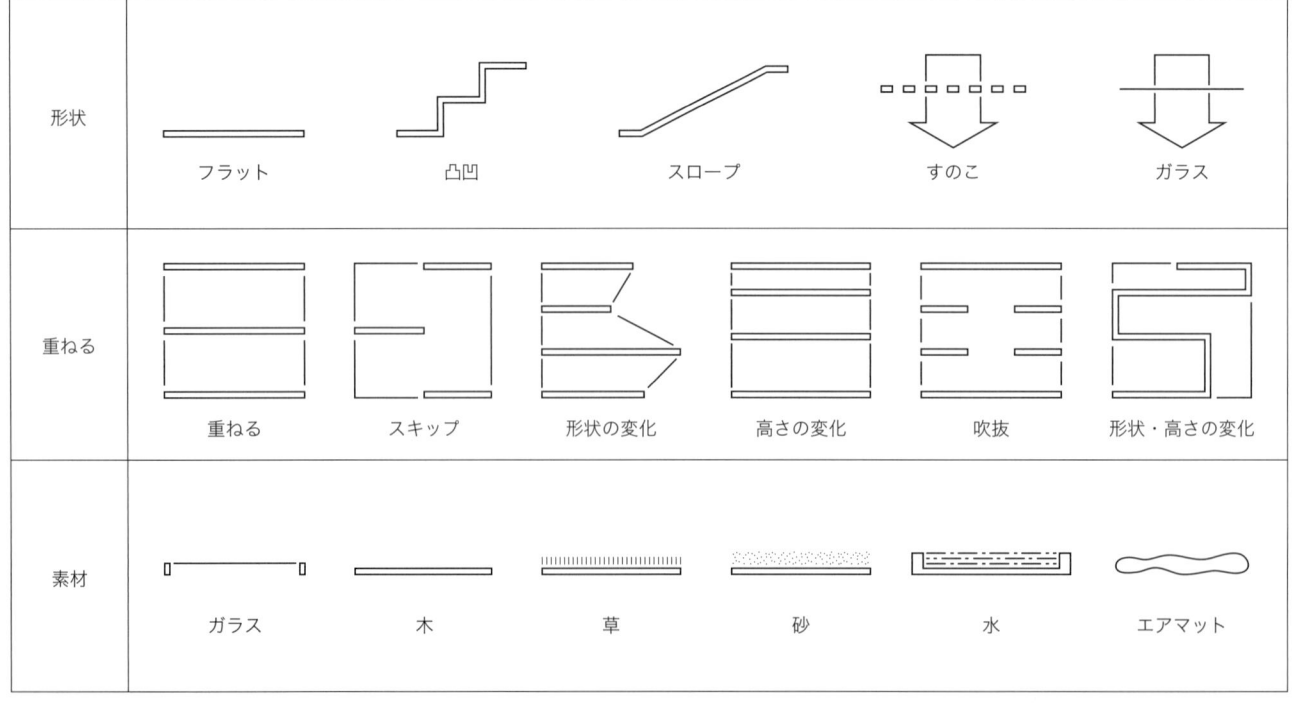

図3·13　床を考える

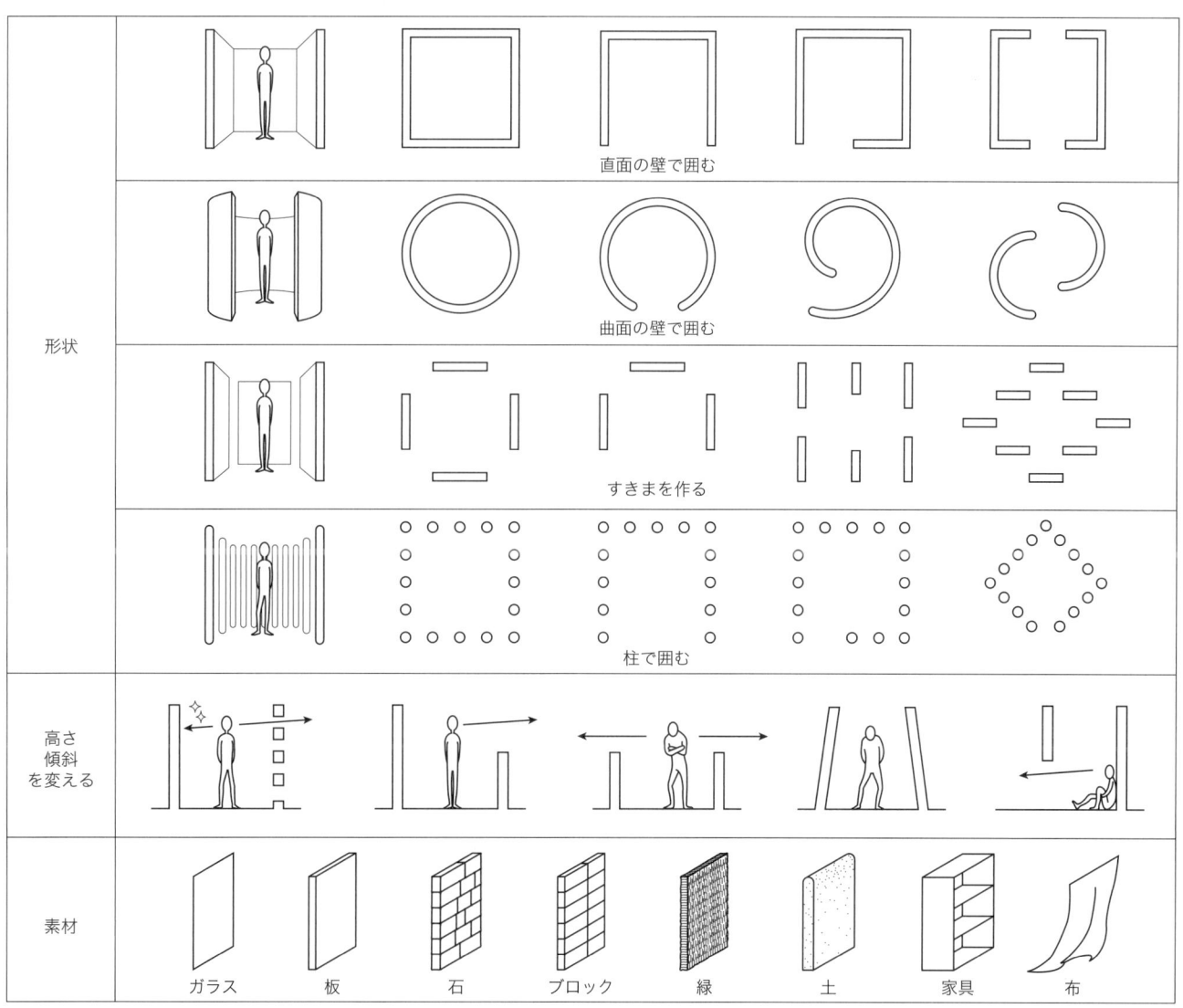

図3・14 壁を考える

図3・15 屋根を考える

第3章 エスキースのプロセス 27

## 3) 歴史的・著名な建築物

歴史的な建築物や著名な建築物は時代を超えて優れた評価をされており，独特の雰囲気を備えている．そのような建築物のカタチを学び，吸収することは大切なことである（図3·16）．

また，図3·16では，一見複雑な建築物であっても，基礎的な形態の集まりで構成されていることが見て取れるよう簡略化した図を示している．

## 4) さまざまな構造

建築物は構造的な整合性をもっている．建築物の構造が直接的に建築のカタチにつながる場合がある．構造を直接的に表現している実例を図3·17に示す．

図3·16　歴史的・著名な建築物を知る

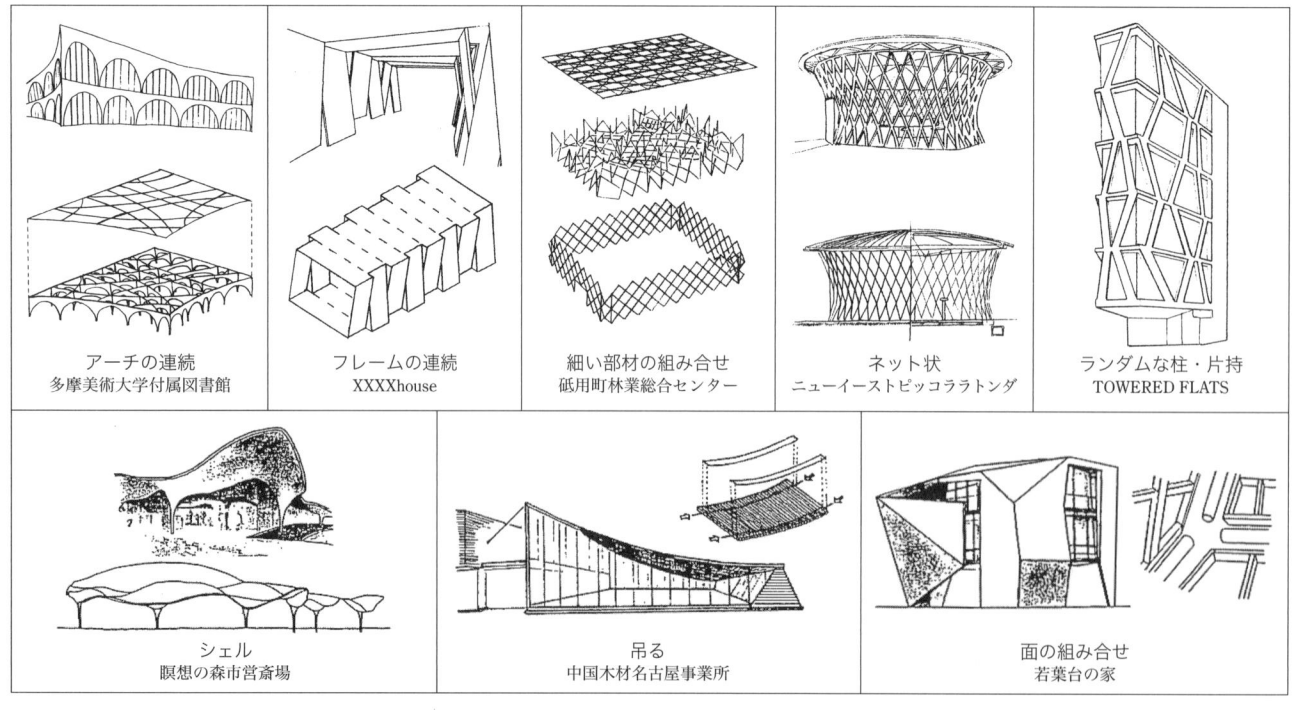

図3·17　さまざまな構造を知る（提供：日本大学理工学部建築学科空間構造デザイン研究室，㈱建築技術）

## (2) キーワードから建築空間を考える

コンペや卒業設計の課題に対するイメージは多方面から検討し,数多く用意されることが望ましい.それらのイメージは,さまざまなキーワードによって試行錯誤を重ね徐々にカタチとなっていく.コンペや卒業設計においては多くの場合,複数のキーワードが関連・干渉しあい,また,それらが重なり合って,ひとつのコンセプトにまとまっていく.

ここでは,1)〜9)にカタチを考える上で基本となるキーワードを,さまざまな観点から取り上げ,イメージされるカタチの具体例を示す.設計課題に対して,ここで挙げたキーワードのいずれが該当するのかを考え,カタチを生み出すための糸口として活用することができる.また,多くのキーワードからどのようにカタチを連想すればよいかという発想のトレーニング集ともなる.

図3・18では「都会の中のロ・ハウス」を課題に設定し,情報収集によって得られたキーワード,そしてキーワードからイメージされるカタチを整理したプロセスを示した例である.

キーワードからは多くのカタチが生まれると共に多様な方向性が出てくる.多くのスケッチを重ねながら試行錯誤を繰り返し,やがて「よし,これだ!」というひとつの方向へと収斂させていく.

建築空間の可能性は無限である.柔軟な思考でカタチを導き出すことが重要である.

---

**課題「都会の中のロ・ハウス」**

都会の中のロハスな住まいの提案です.ロハス(LOHAS:Lifestyle of Health and Sustainability)とは,地球環境の保護と健康な生活を基本とし持続可能なライフスタイルを意味します.そんなライフスタイルの人々が暮らす,都会の中での快適な住まいを提案してください.

---

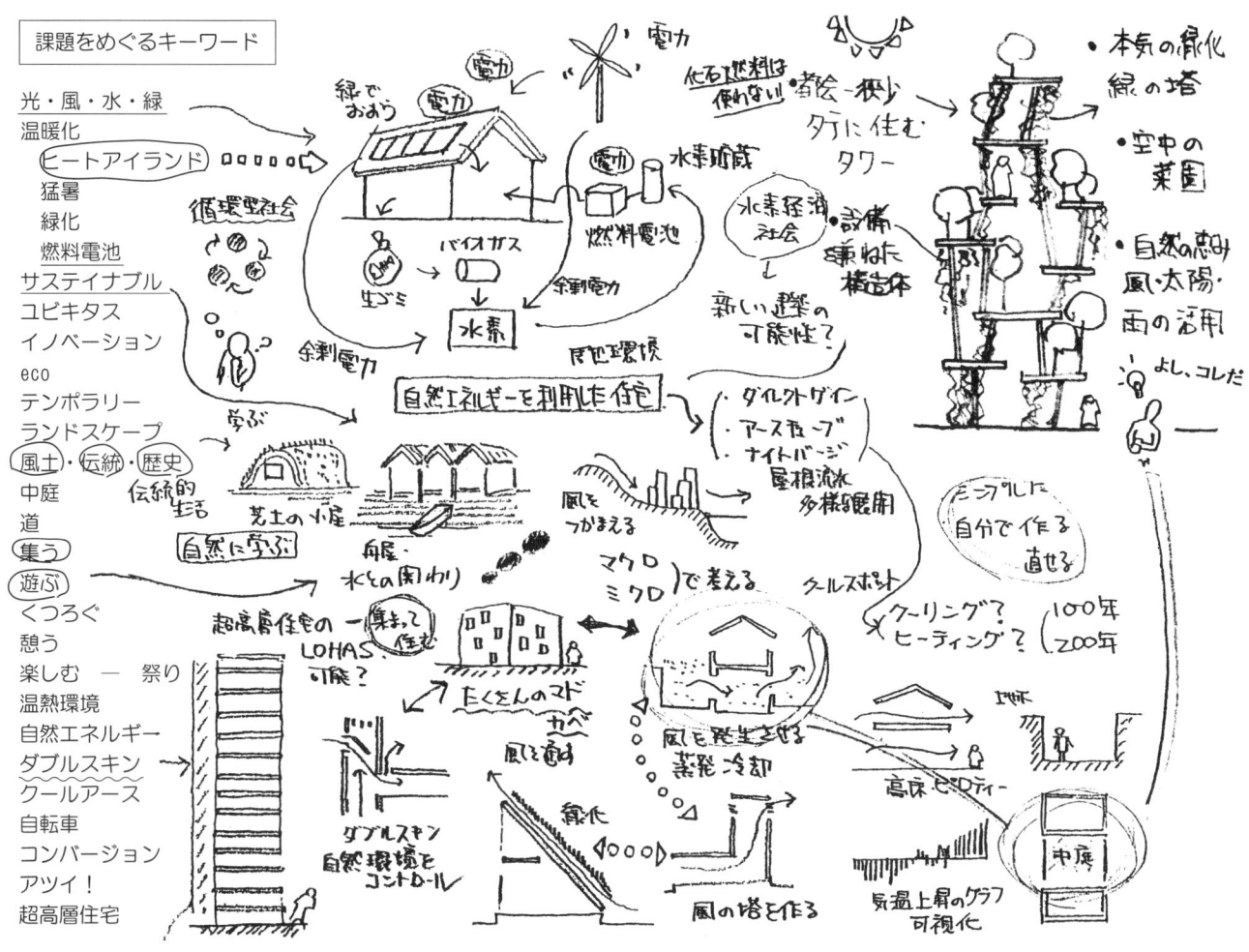

図3・18 キーワードからイメージされるカタチ

1)「自然」に関するキーワード

| | | | | | | | | | | |
|---|---|---|---|---|---|---|---|---|---|---|
| 太陽 | 月 | 星 | 衛星 | 太陽系 | 銀河系 | 天体 | 水 | 雨 | 五月雨 | 夏至 | 梅雨 |
| 氷雨 | 光 | 影 | 陰 | 陰影 | 風 | 風力 | 森林 | 朝 | 昼 | 夜 | 春 | 夏 | 秋 |
| 冬 | 季節 | 四季 | 朝日 | 夕日 | 海 | 川 | 緑 | 植栽 | 音 | 温熱 | 暑い | 寒い |
| 風土 | 自然力 | カビ | 水蒸気 | 結露 |

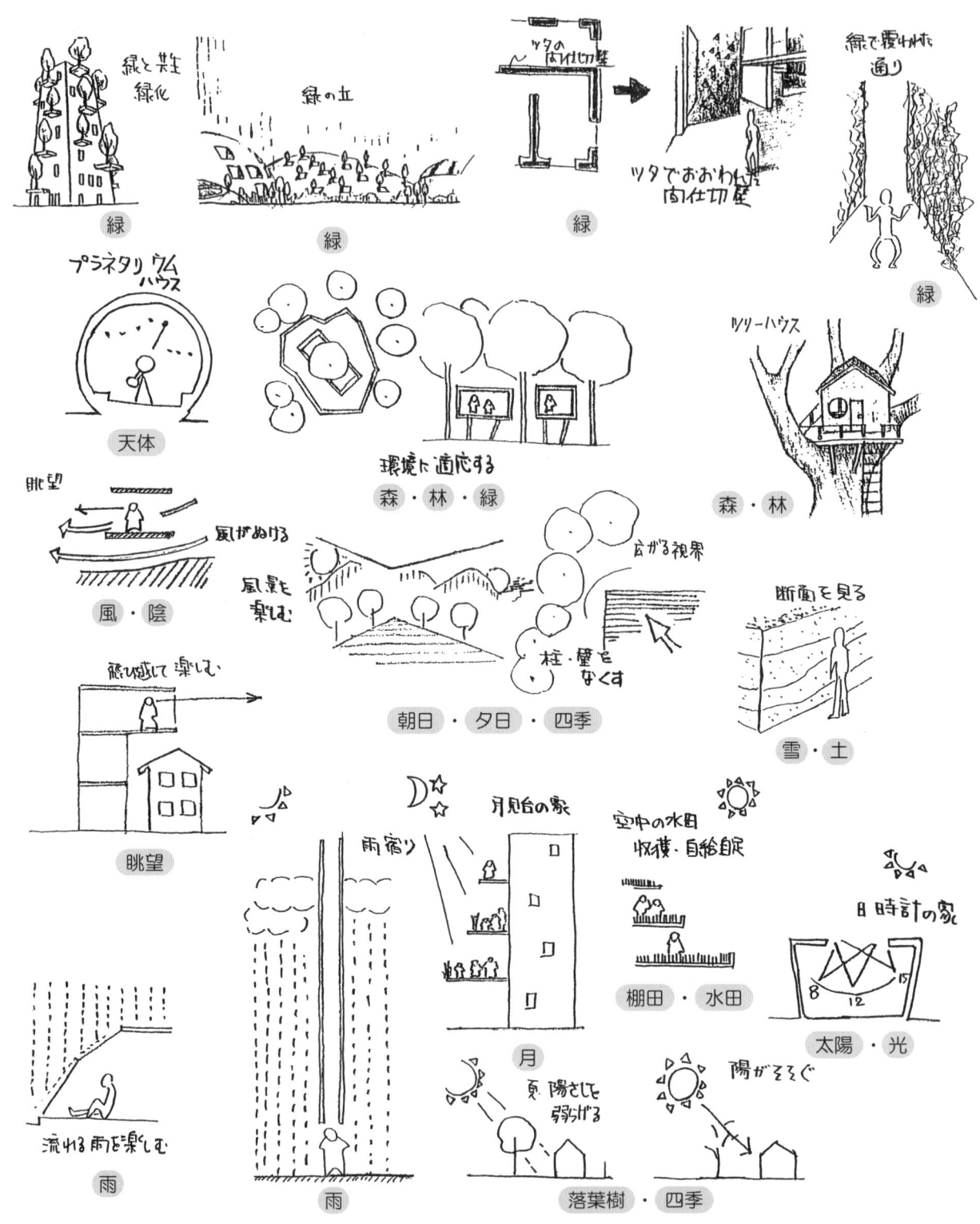

図3・19 「自然」に関するキーワードとカタチ(1)

雪　雲　氷　霜　収穫　土　木　葉　環境　適応　活用　眺望　恩恵　治水
白露　雪月花　慈雨　東雲　波紋　照葉樹林　針葉樹林　落葉樹　棚田　水田　田園
里山　散居　風景　島　潮　自然信仰　栽培　生成　生物　植物　収穫

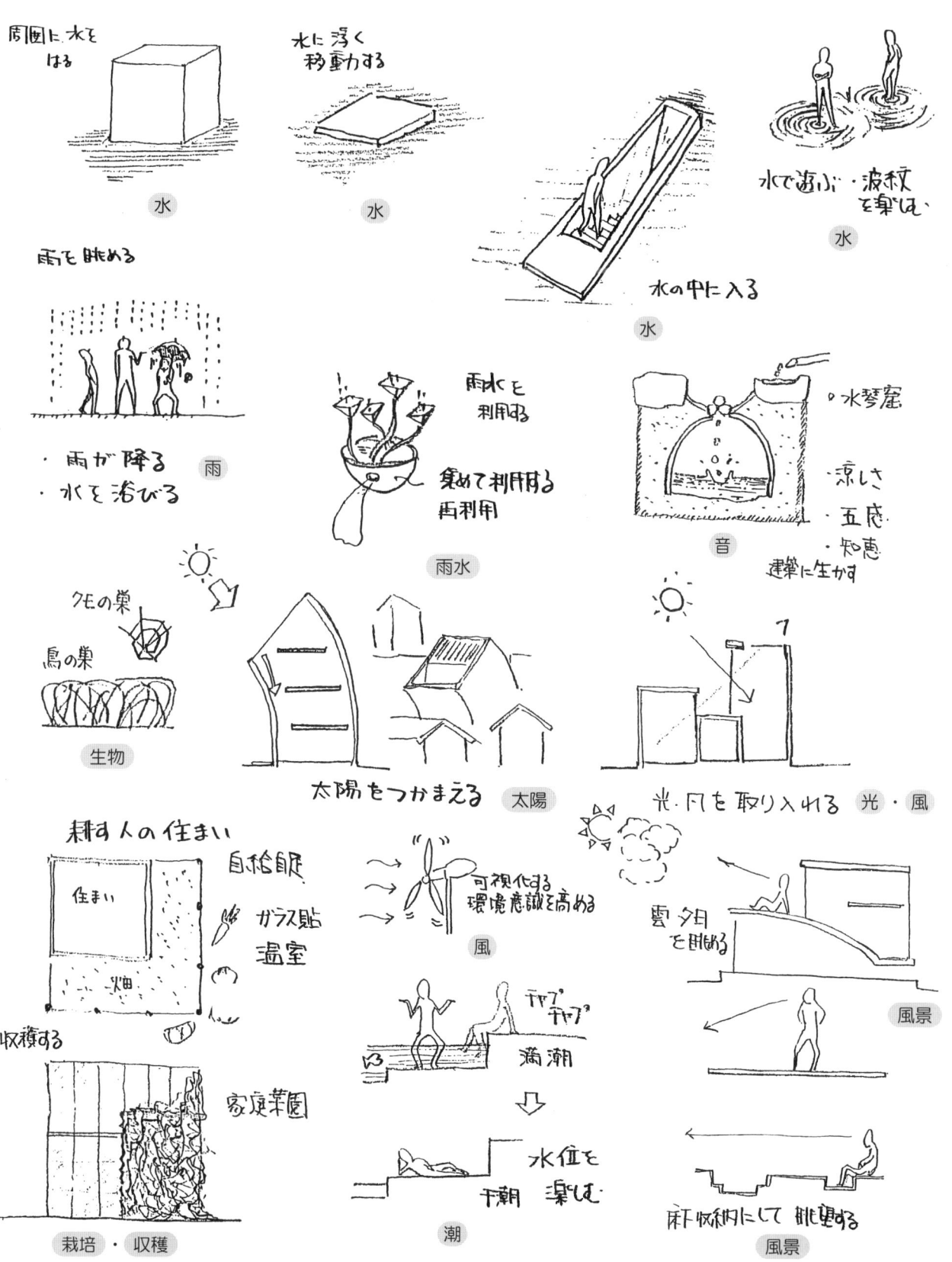

図3・20　「自然」に関するキーワードとカタチ(2)

## 2)「社会・文化・その他」に関するキーワード

マルチメディア　格差社会　インターネット　少子高齢化　ジェネレーションギャップ　ペット
アキハバラ　高齢者・障害者への配慮　ノーマライゼーション　健康志向　セキュリティー
多様化　環境対策　地下空間　防犯対策　法規制　モバイル　インターフェイス　変革
保全　可動　移動　仮設　共生　テンポラリー　狭小敷地　個室　ユビキタス　3R
持続可能　ロストジェネレーション　エイジング　セカンドハウス　ワークショップ　世代
住民参加　ランドスケープ　イノベーション　モノづくり　プライバシー　ナノテク

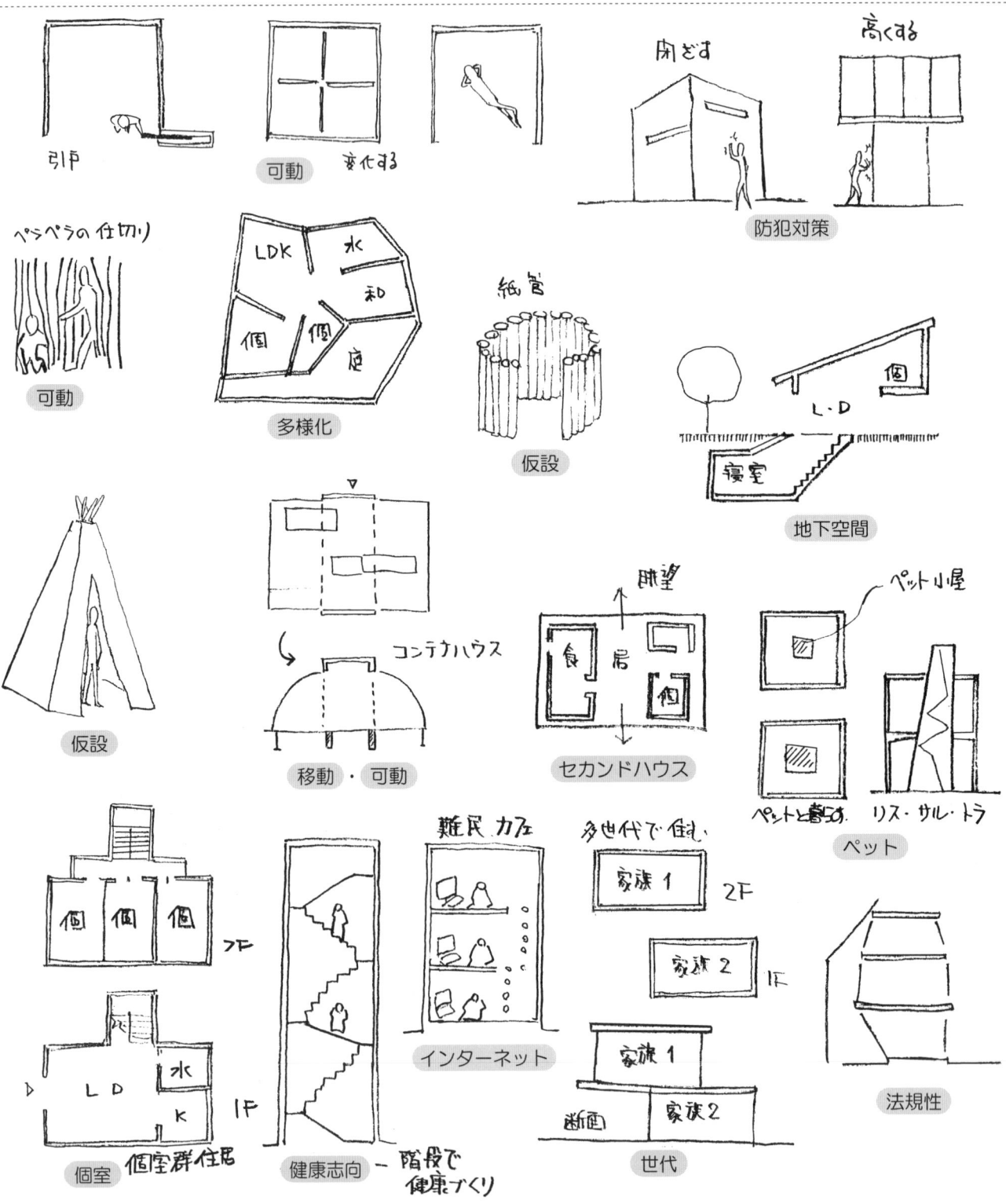

図3・21 「社会・文化・その他」に関するキーワードとカタチ

## 3）「住居・住まい・家」に関するキーワード

家族　コミュニケーション　器　公　私　収納　個室　団欒　領域　吹抜　中庭
超高層　床　壁　天井　敷地　構造　居間　食べる　寝る　遊ぶ　民家　台所
可変性　輪郭　配置　和風　セカンドハウス　多様化　装飾　スキップフロア　n＋LDK
隠れ家　分棟　庭　窓　動線　ペット　土間　箱　モノ　家具　インテリア　都市

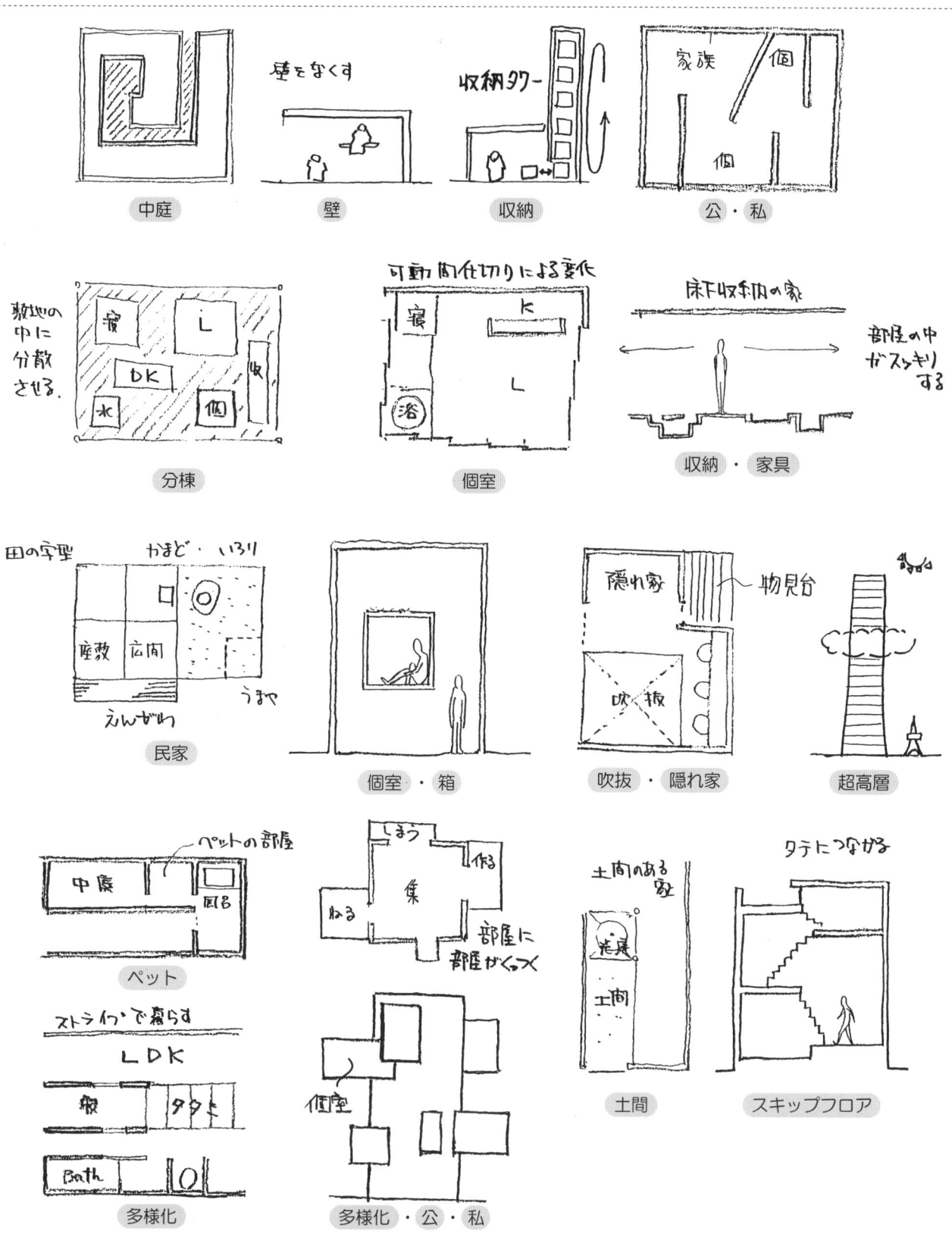

図3・22　「住居・住まい・家」に関するキーワードとカタチ

4)「環境」に関するキーワード

| サステイナブル　　環境の世紀　　地球温暖化　　$CO_2$　　ヒートアイランド　　クールアイランド
フロンガス　　オゾン層　　3R　　リサイクル　　リユース　　リデュース　　長寿命化　　緑
省エネルギー　　ECO　　ロハス　　酸性雨　　環境負荷　　自然素材　　ダブルスキン　　地中
オーガニック農業　　LCA　　緑の蒸散　　緑の立体公園　　伝統的住まい方　　バウビオロギー　　水冷
自然エネルギーの活用　　家庭菜園　　庭　　コンパクトシティ　　雨水利用 |

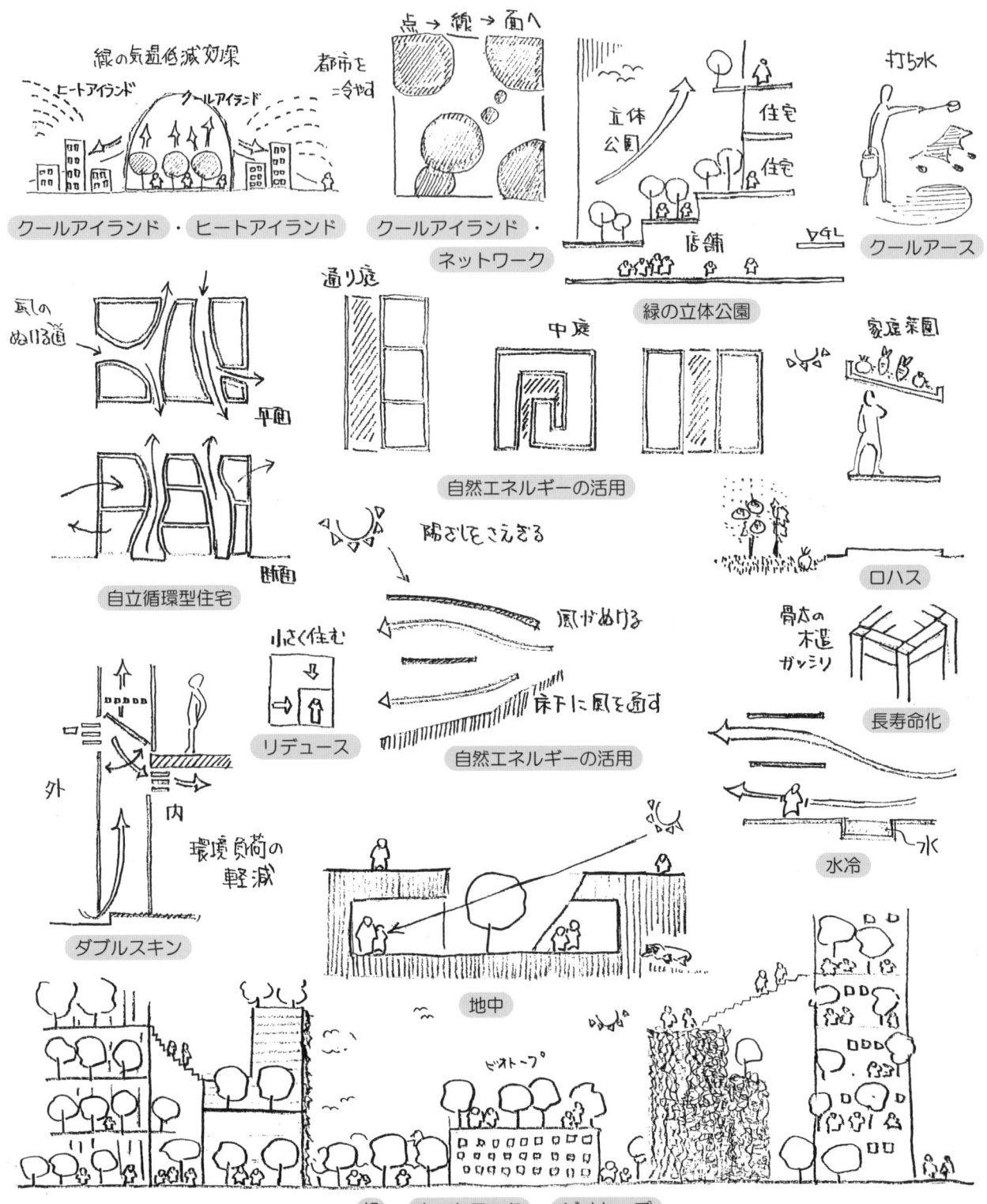

図3・23 「環境」に関するキーワードとカタチ(1)

| | | | | | | |
|---|---|---|---|---|---|---|
| 環境共生 | 循環型社会 | 農村環境 | 環境教育 | ビオトープ | バイオマス | クールアース |
| 風力 | 地熱 | 波力 | 水力 | 再生エネルギー | 緑化 | ロ・ハウス | フードマイレージ |
| ゼロエミッション | バイオエタノール | ネットワーク | 砂漠化 | 生態系 | 地産地消 | 防災 |
| 200年住宅 | 自立循環型住宅 | 善玉菌 | 蓄熱 | カーボンオフセット | 環境指標 | CASBEE |
| リノベーション | コンバージョン | 修繕 | 転用 | 気候変動 | 自転車通勤 | 地球にやさしい |

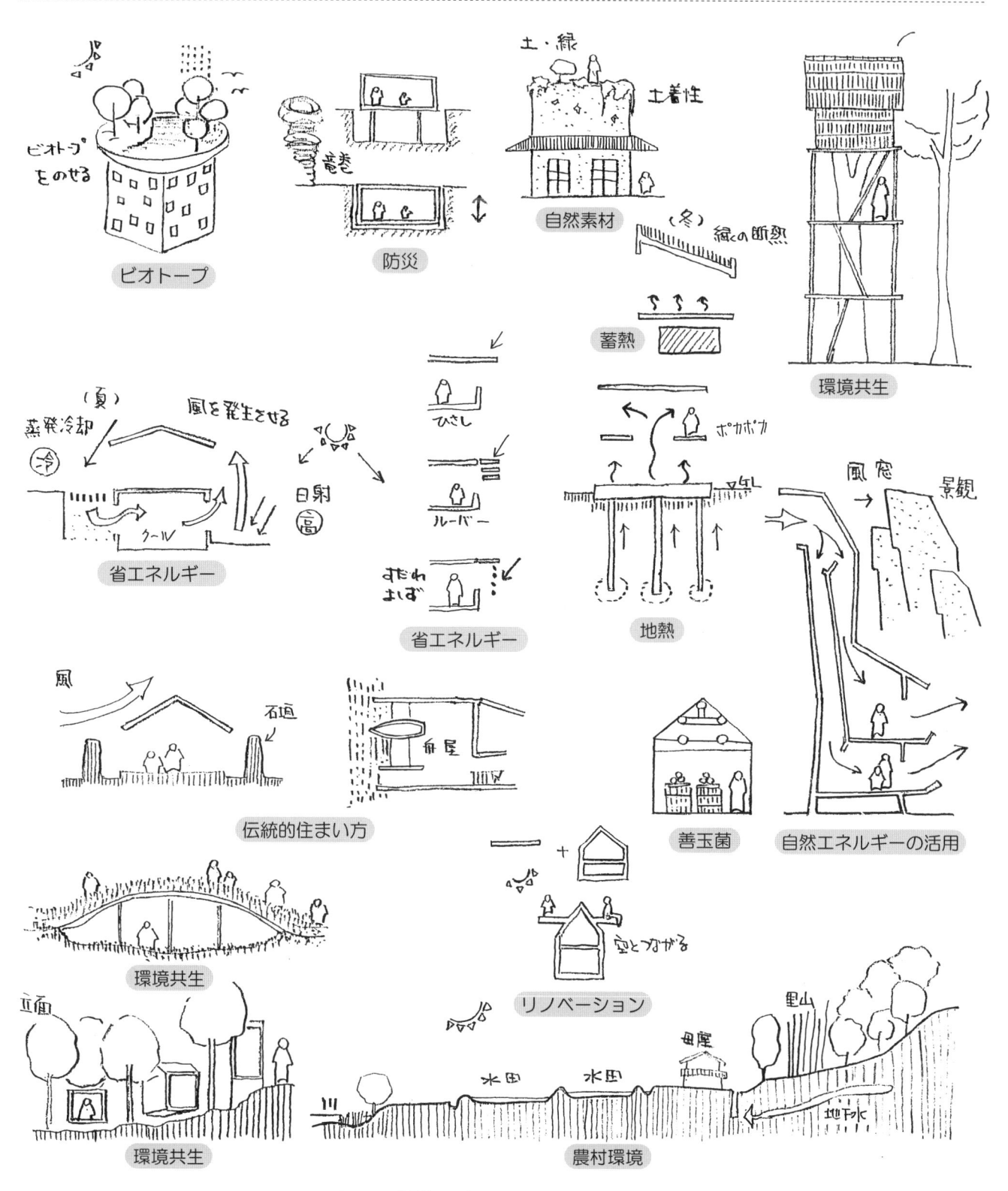

図3・24 「環境」に関するキーワードとカタチ(2)

## 5)「モノ・もの・物・mono」に関するキーワード

収納　趣味　コレクション　モノゴト　者　本　雑誌　書斎　クローゼット　コーナー
音楽　ちらかす　おもちゃ　部屋　家具　囲まれる　なくす　同居する　絵　間合い
遊び場　ドア　マド　テーブル　イス　個室　ベッド　キッチン　風呂　プライベート
宝モノ　フレキシブル　飾る　見せる　隠す　集める　散らす　便利　インテリア　集積
堆積　器　ストック　置く　整理　思い出　こだわり　執着心　歴史　対話　積む

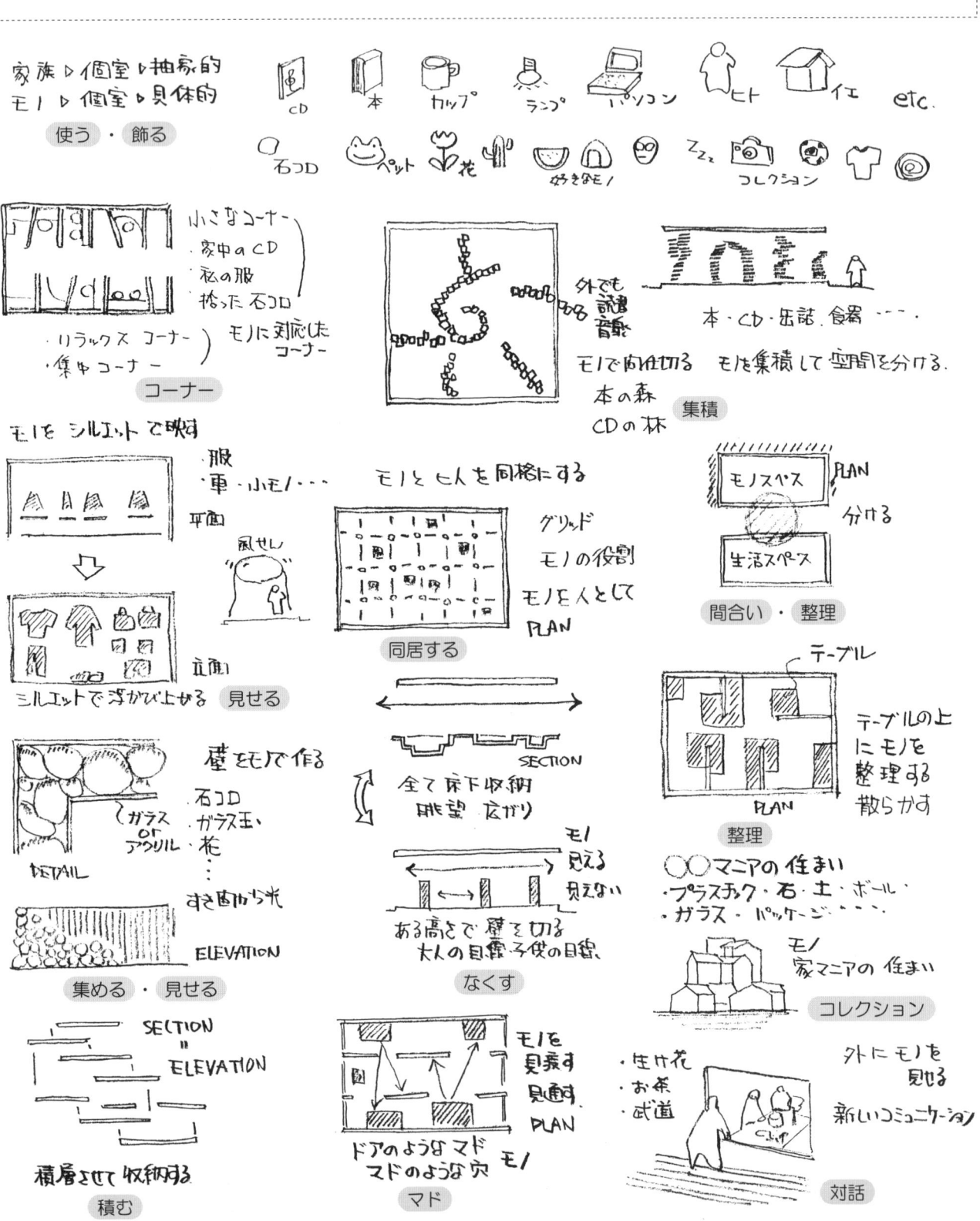

図3・25 「モノ・もの・物・mono」に関するキーワードとカタチ

**6）「生活行為」に関するキーワード**

くつろぐ　集まる　憩う　食べる　寝る　つなぐ　遊ぶ　笑う　癒される　分かれる
浸かる　歩く　走る　眺める　泣く　見る　ひたる　飲む　浴びる　触れる
変わる　楽しむ　聞く　つくる　読む　耽る　備える　伸びる　積む　起きる　育てる

楽しむ・遊ぶ

眺める・ひたる

読む

作る・食べる・集まる

つなぐ

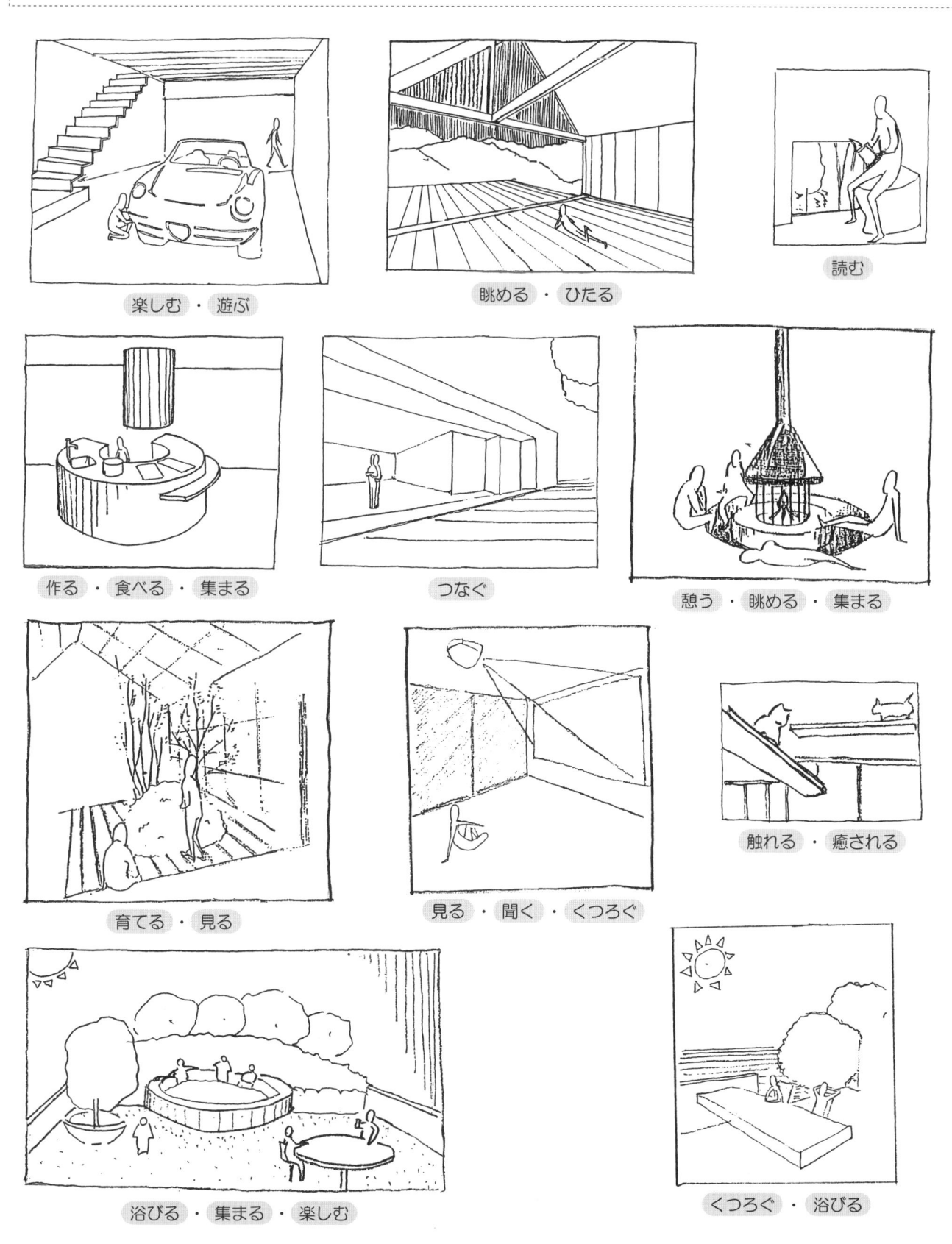

憩う・眺める・集まる

育てる・見る

見る・聞く・くつろぐ

触れる・癒される

浴びる・集まる・楽しむ

くつろぐ・浴びる

図3・26　「生活行為」に関するキーワードとカタチとカタチ

**7）「伝統・風土」に関するキーワード**

| 祭り　アシビナー　隠居　ハレ　ケ　防風林　水塚　輪中　かいにょ　クリーク<br>天水　雪室　わび　さび　結　神楽　山車　風水　家相　納屋　ゲル　こみせ<br>高床式住居　通り庭　町屋　版築　うだつ　馬屋　母屋　世界遺産　井戸　土間 |
| --- |

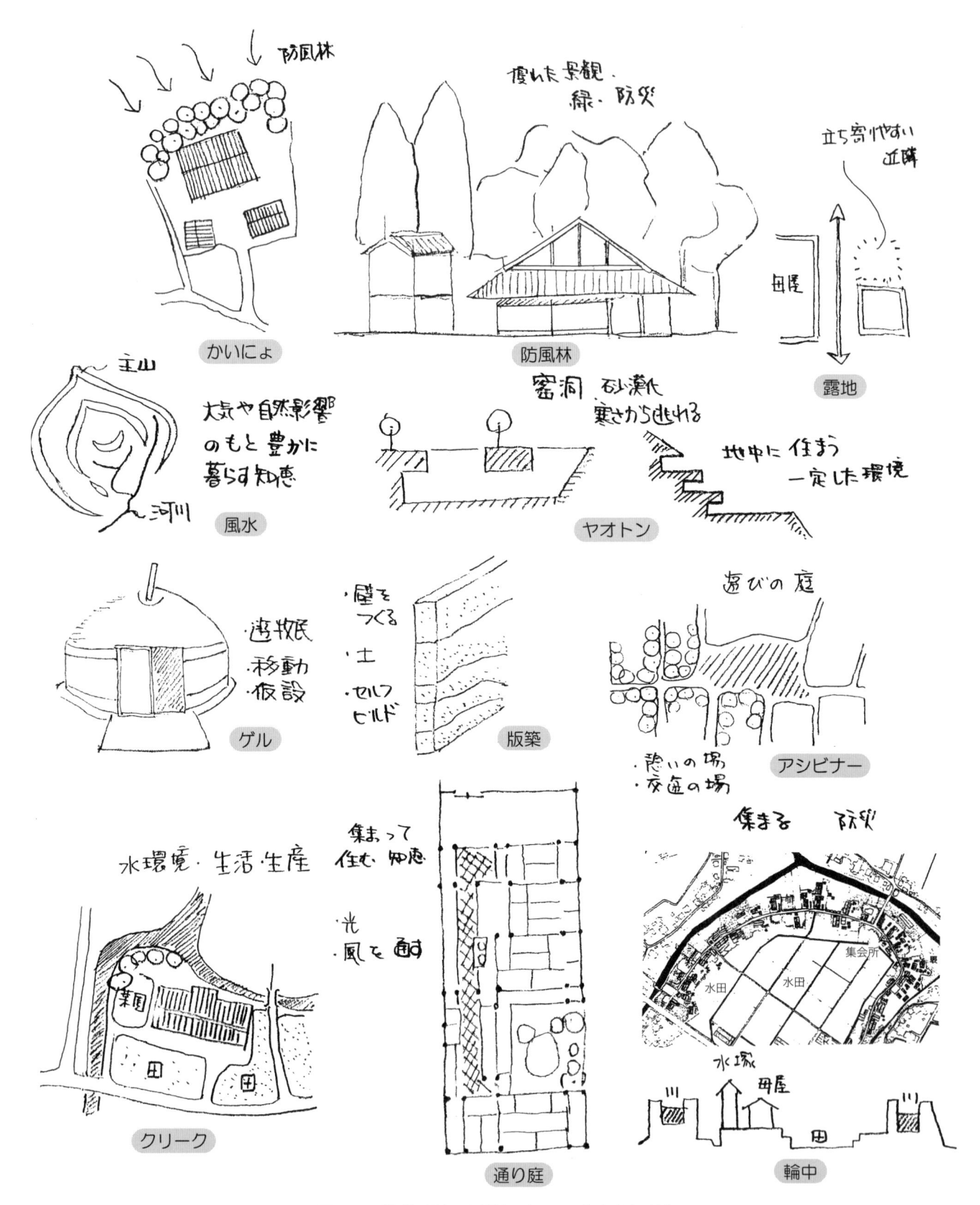

図3・27　「伝統・風土」に関するキーワードとカタチ(1)

| | | | | | | | | |
|---|---|---|---|---|---|---|---|---|
| 集団季節移住 | 農村舞台 | 舟屋 | 船小屋 | アサギ | 御嶽（ウタキ） | 結界 | 地蔵盆 | 神木 |
| 鳥居 | 神社 | シーサー | 虫送り | 神楽 | 隠居 | 祭事 | 祭祀 | 集落 | 鎮守の森 | 正月 |
| 門松 | 節分 | 立春 | 立冬 | ヤオトン | 祠 | 魔除け | 屋敷林 | 縁側 | 継承 | 聖地 |

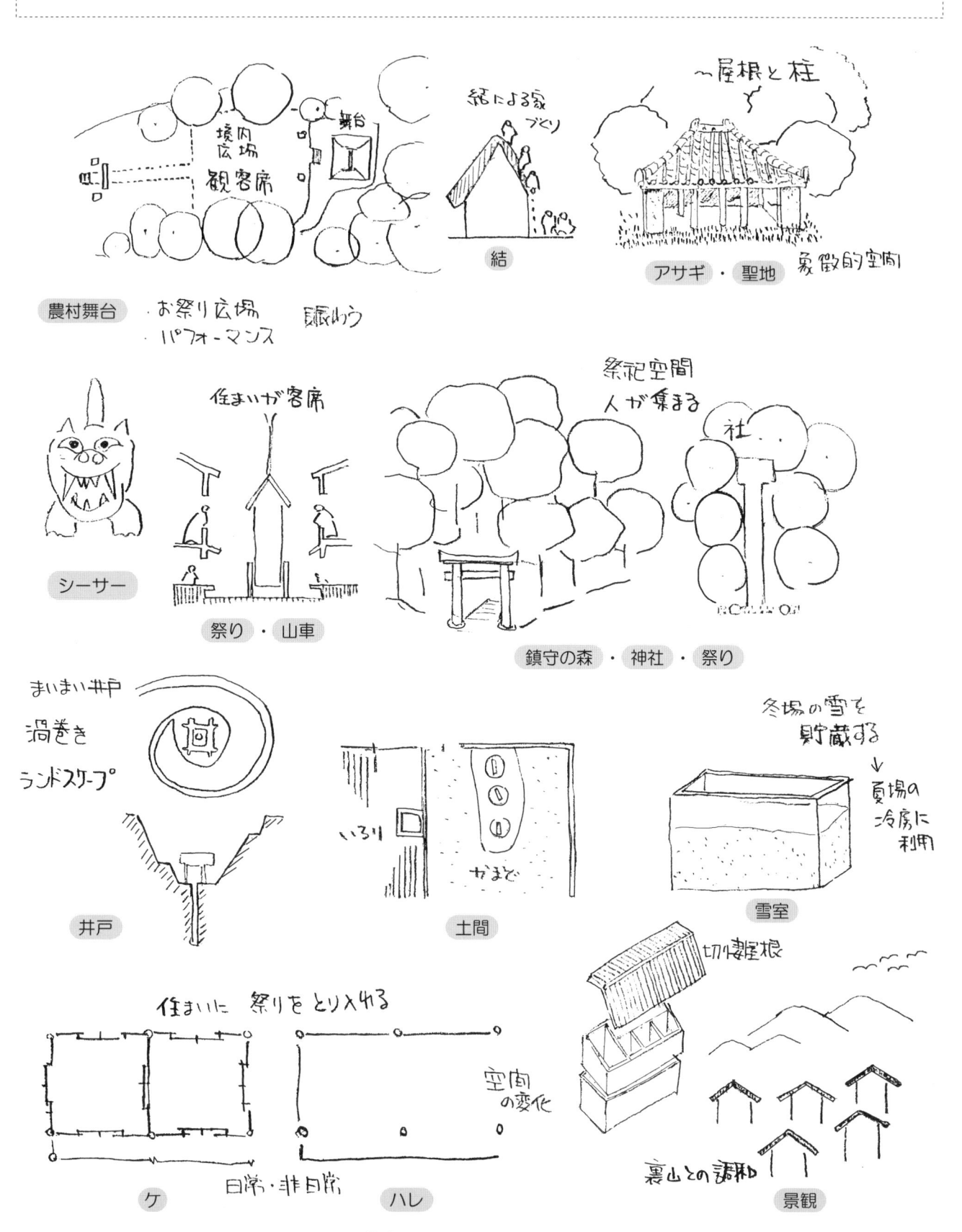

図3・28 「伝統・風土」に関するキーワードとカタチ(2)

## 8)「素材」に関するキーワード

木　草　石　土　紙　段ボール　繊維　布　鉄　アルミニウム　ステンレス　膜
チタン　ハニカム　ガラス　超高強度コンクリート　超高力鋼　形状記憶合金　テラコッタ
GRC　エキスパンドメタル　不燃材料　不燃塗料　高機能材料　モルタル　液晶　PC

木
(レストラン　アーティチョーク)
柳澤孝彦＋TAK建築研究所

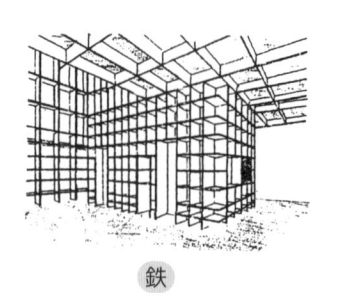

鉄
(ツダ・ジュウイカ)
小嶋一浩／C+A

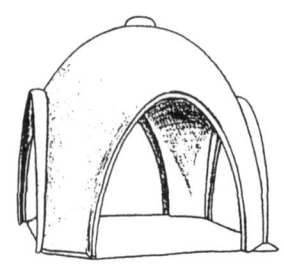

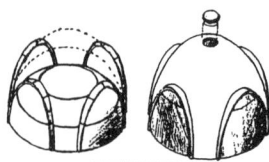

モルタル
(SAKAN Shell Structure)
SAKAN Shell Structure研究委員会

ガラス
(高松シンボルタワー)
松田平田設計＋NTTファシリティーズ＋A&T建築研究所＋大成JV

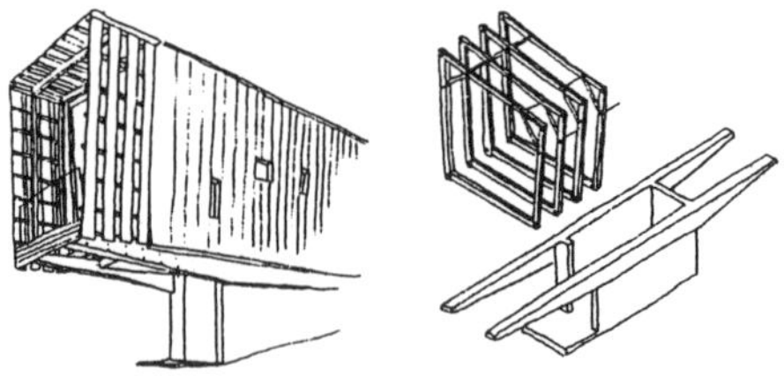

木
(WARABI COTTAGE)
DESIGN OFFICE OPPOSITION

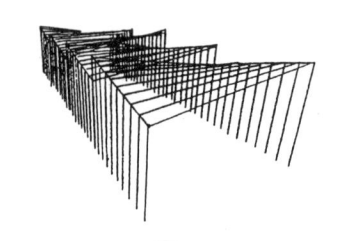

鉄
(とりりん)
原田貞広・原田麻魚

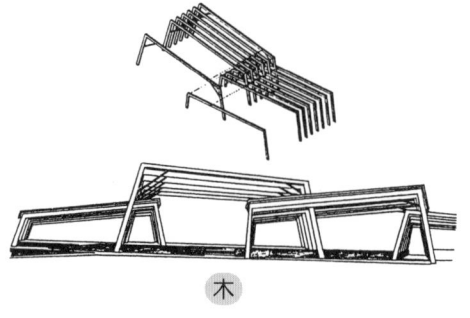

木
(FRAMME-IGA COMPLEX)
ファイ・フレーム，佐々木設計事務所，h+de-sign/architect

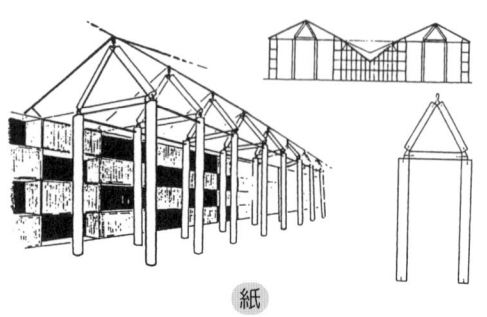

紙
(ノマディック美術館)
坂茂建築設計

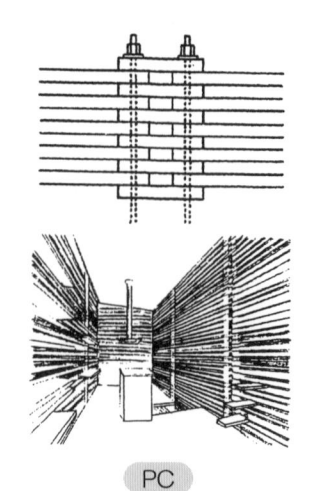

PC
(積層の家)
大谷弘明

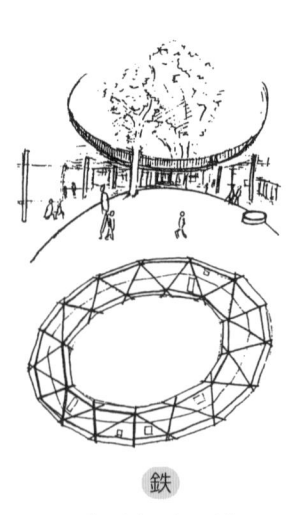

鉄
(ふじようちえん)
手塚建築研究所

図3・29　「素材」に関するキーワードとカタチ(1)
(提供：日本大学理工学部建築学科　空間構造デザイン研究室、㈱建築技術)

ELディスプレイ　　LED　　シリコン　　エポキシ樹脂　　ダイオード　　エアチューブ　　FRP
プラスチック　　ラミネート　　アクリルパネル　　コンテナ　　仮設足場　　プレキャスト
パンチングメタル　　ワイヤー　　ガラスブロック　　グレーチング　　フラットバー

アルミ
（エコムスハウス）
山本理顕設計工場

鉄・ガラス
（白い教会）
青木淳建築計画

鉄
（ナチュラルステイツ）
EDH遠藤設計室

フラットバー
（ニコラス・G・ハイエックセンター）
坂茂建築設計

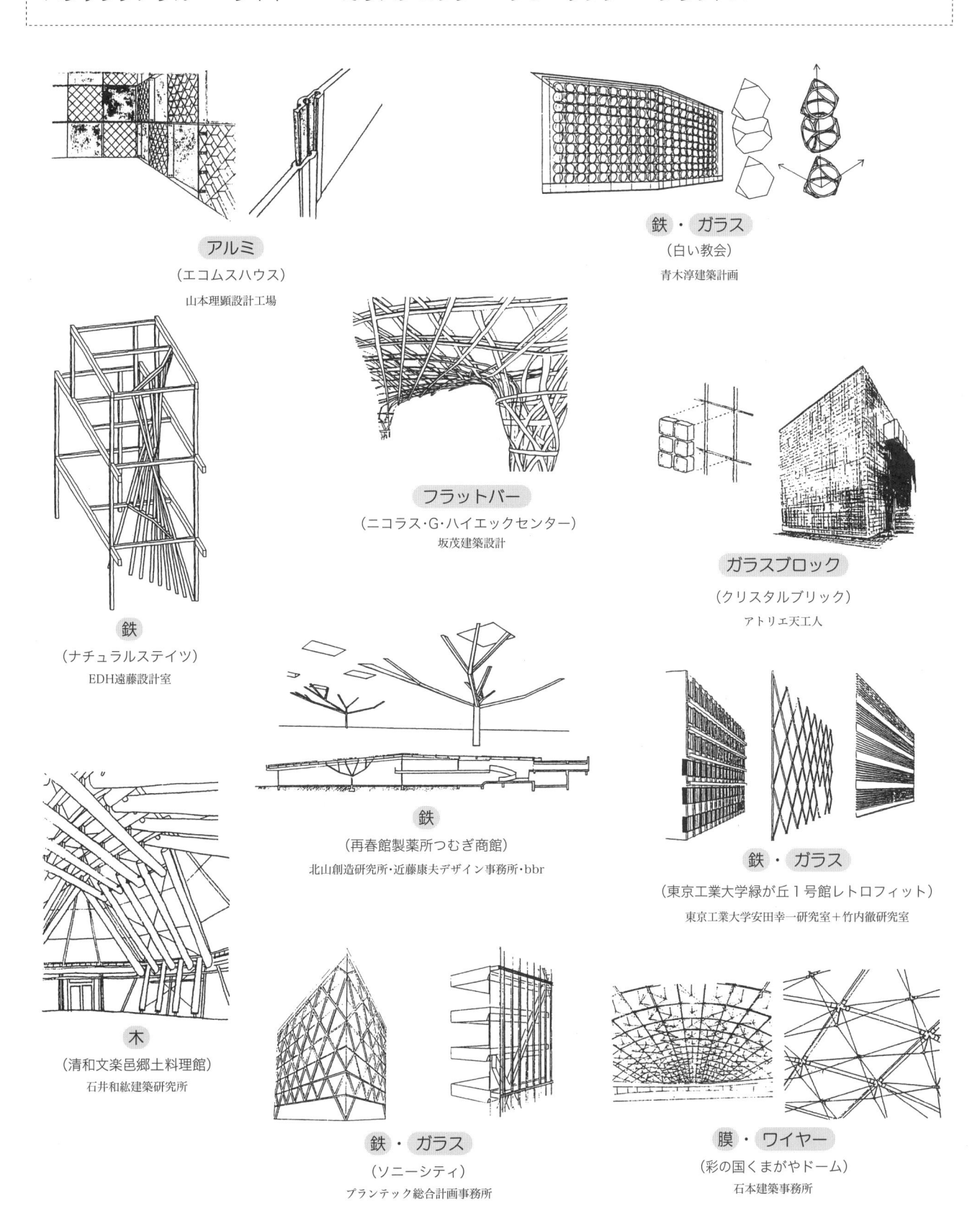

ガラスブロック
（クリスタルブリック）
アトリエ天工人

鉄
（再春館製薬所つむぎ商館）
北山創造研究所・近藤康夫デザイン事務所・bbr

鉄・ガラス
（東京工業大学緑が丘1号館レトロフィット）
東京工業大学安田幸一研究室＋竹内徹研究室

木
（清和文楽邑郷土料理館）
石井和紘建築研究所

鉄・ガラス
（ソニーシティ）
プランテック総合計画事務所

膜・ワイヤー
（彩の国くまがやドーム）
石本建築事務所

図3・30　「素材」に関するキーワードとカタチ(2)
（提供：日本大学理工学部建築学科　空間構造デザイン研究室、㈱建築技術）

## 9)「保存・再活用」に関するキーワード

コンバージョン（転用、用途変更）　リノベーション（再活用）　増築　減築　リファイン建築
新旧デザイン　調和　対比　融合　発展　継承　まち　近代建築　既存建築物
過去を活かす　現在に活かす　対照　再生　拠点　シンボル　新旧部材　空オフィス
再構築　スケルトン・インフィル　都心回帰　集合住宅　町屋　洞察力　評価　長寿命建築物
技術　免震　手法　伝統　ハブ機能　構想　記憶　廃材　象徴　コンテクスト　単体
集合　古民家　古材　バリアフリー法規制　ライフスタイル　覆う

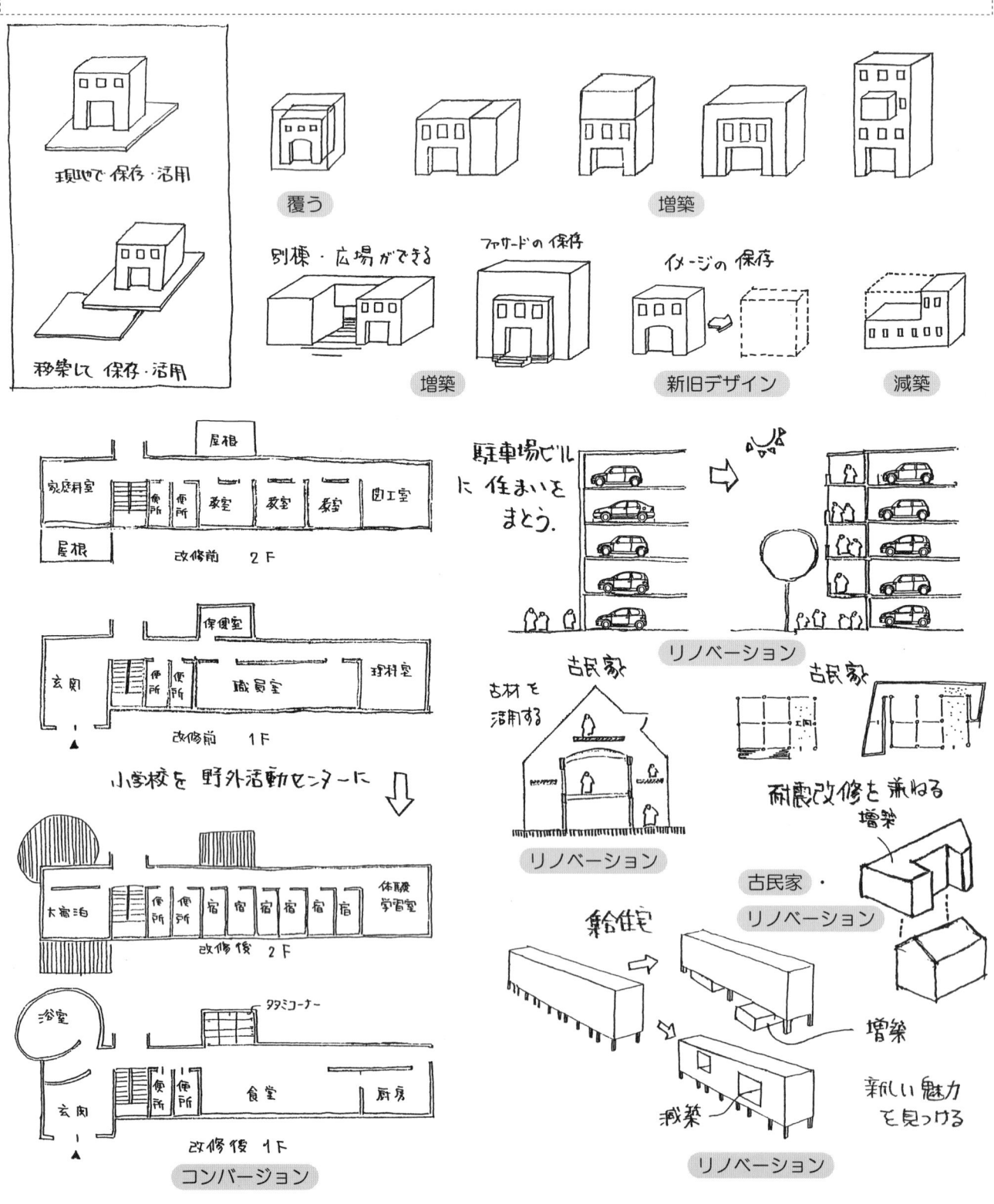

図3・31 「保存・再活用」に関するキーワードとカタチ

第 **4** 章

図面の
プレゼンテーション

# 4・1 完成図面のバリエーション

　完成図面の表現方法には，図4・1，2のように，さまざまなバリエーションがある．これらの図面を見てみると，平面図や透視図といったような，ひとつひとつの構成要素の完成度もさることながら，1枚のプレゼンテーションボードにまとめた時の，美しいレイアウトや，バランスがつくり出す全体的な雰囲気が，いかに大切かがわかる．その中には構成や技法の点でヒントになるような表現があるかもしれない．他の作品の優れた点を自分のコンセプトに則して，活用することが大切である．

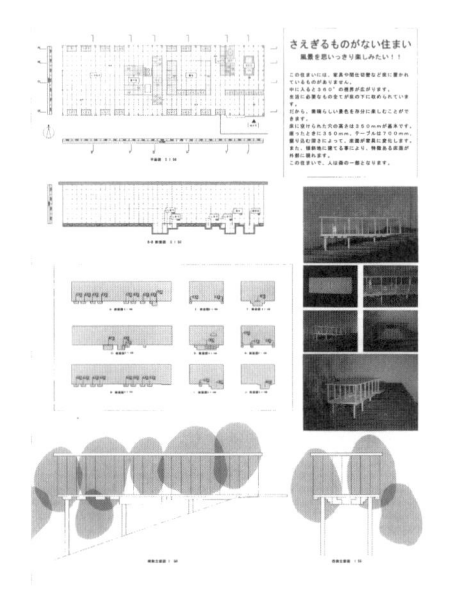

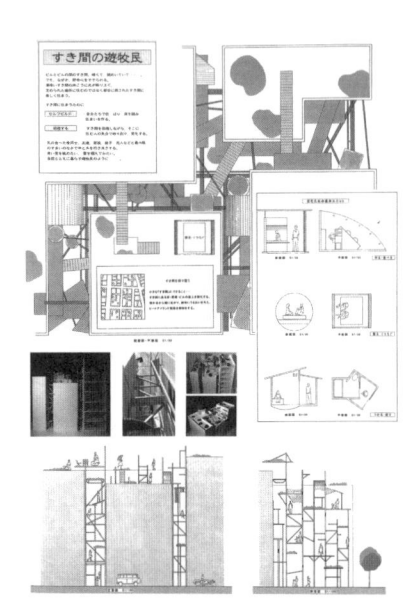

(a)周辺環境（自然）との関わり　　(b)周辺環境（建築物）との関わり　　(c)実在の敷地との関係性

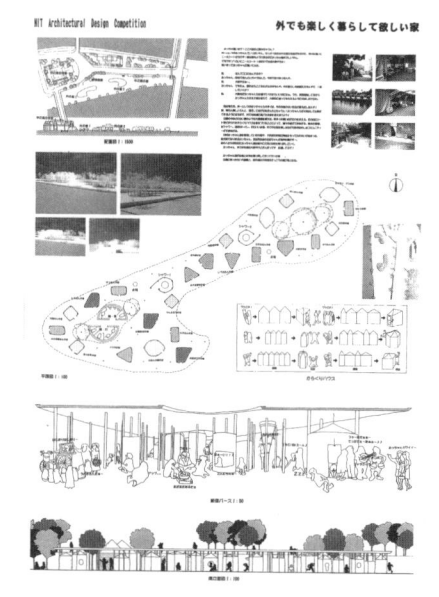

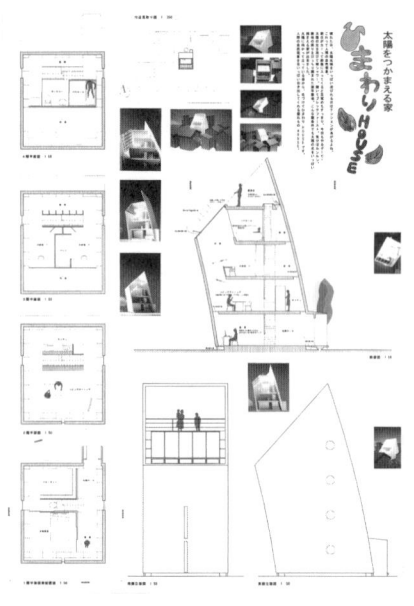

(d)きびしい敷地条件を設定　　(e)写真に文字や図面を重ねた表現　　(f)平面・立面の陰影表現

図4・1　完成図面のバリエーション(1)

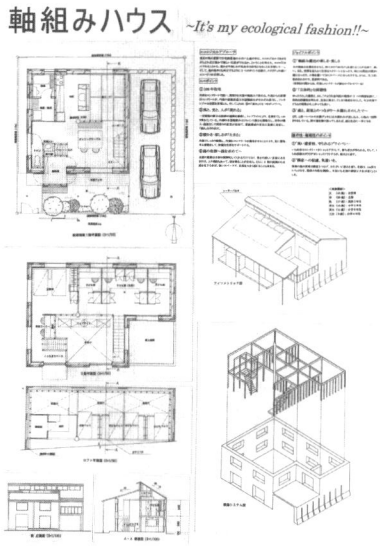

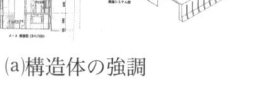

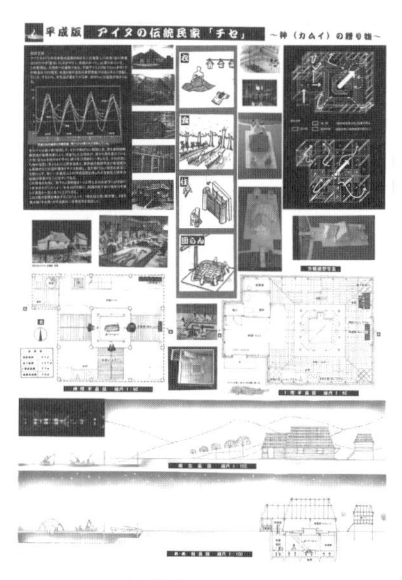

(a)構造体の強調　　　　　(b)明暗のバランス　　　　　(c)垂直性の強調

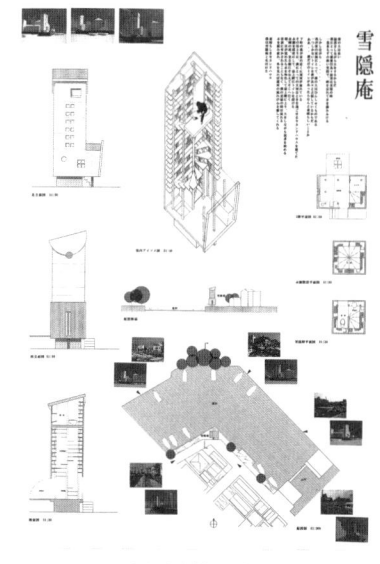

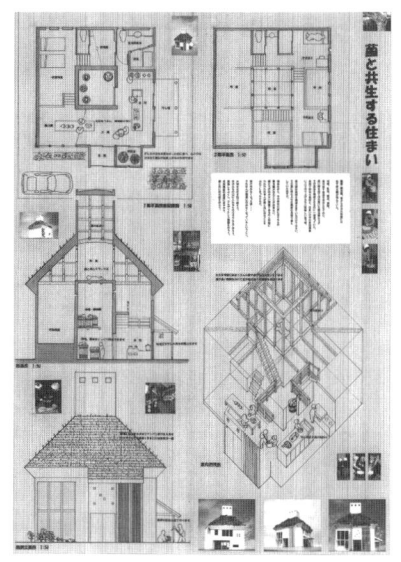

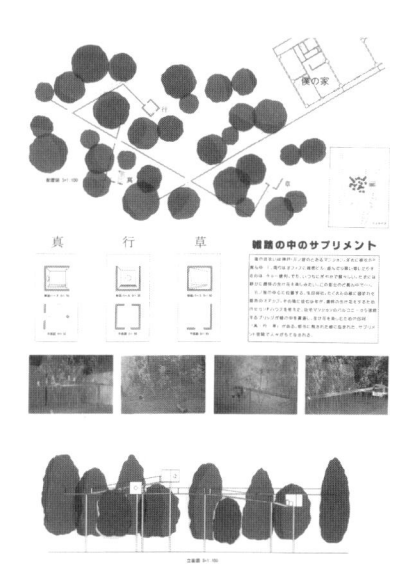

(d)内部空間の表現　　　　(e)配置図の強調　　　　　　(f)CAD・CGの活用

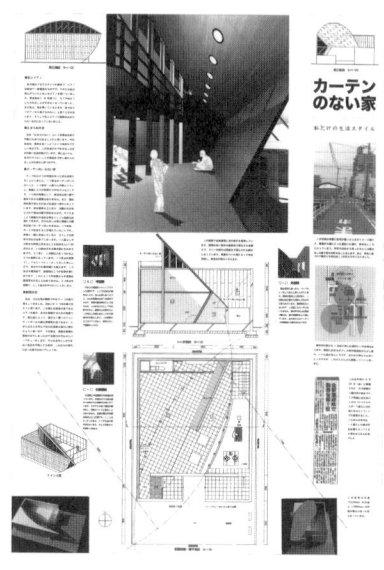

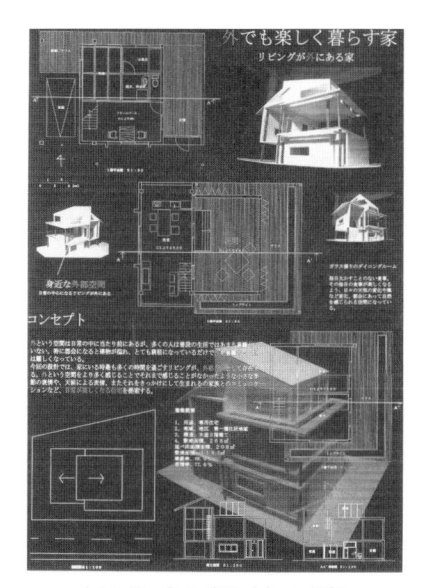

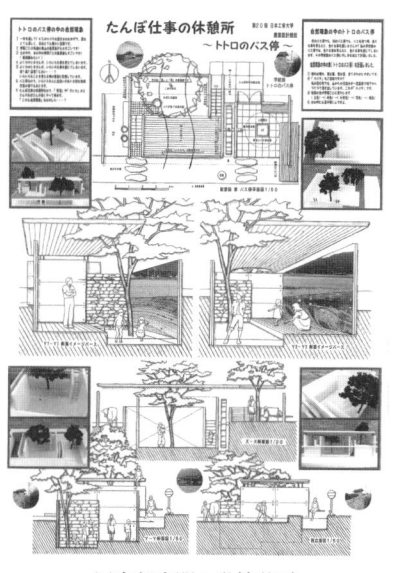

(g)ネガ・ポジ（黒・白）の反転　(h)内部空間の動線計画　　(i)平面計画の強調

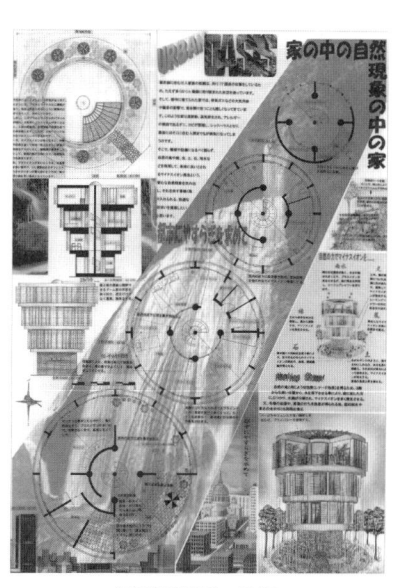

図4・2　完成図面のバリエーション(2)

第4章　図面のプレゼンテーション　45

# 4・2 各図面の表現方法

図面はコンセプトとデザイン表現が一体となって，初めて美しい表現となる．もちろん正確に描く事が第一の条件だが，それに加えて見る人に感動を呼び起こす技法が，他に抜きん出るポイントとなる．つまり，コンセプトによって表現方法を選ぶことで，効果的な作品づくりができるのである．

## 〔1〕配置図の表現方法

配置図は，図4・3のように，敷地の形状に対して建築物がどのように配置されるのかを表したものであり，玄関へのアプローチやテラスやデッキ，池やプール，庭の植栽など，建築物外部の状況を表現する．

### 1）建築物の表現

配置図における建築物の表現には，周辺環境に対する建築物のボリュームなど，表現したい内容によっていくつかの方法がある．

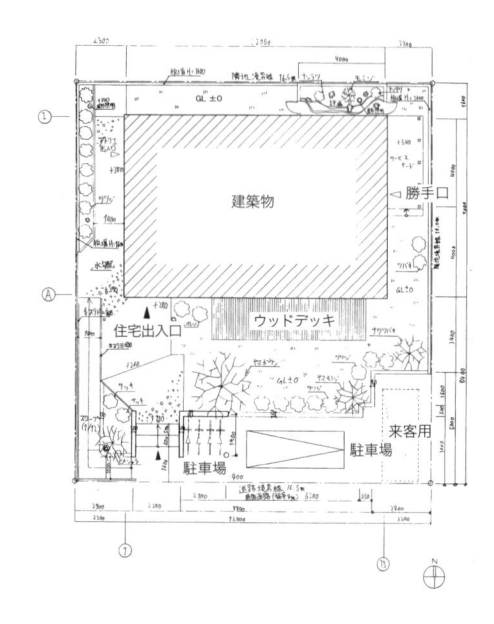

図4・3 基本的な配置図

図4・5 屋根伏図に影をつける

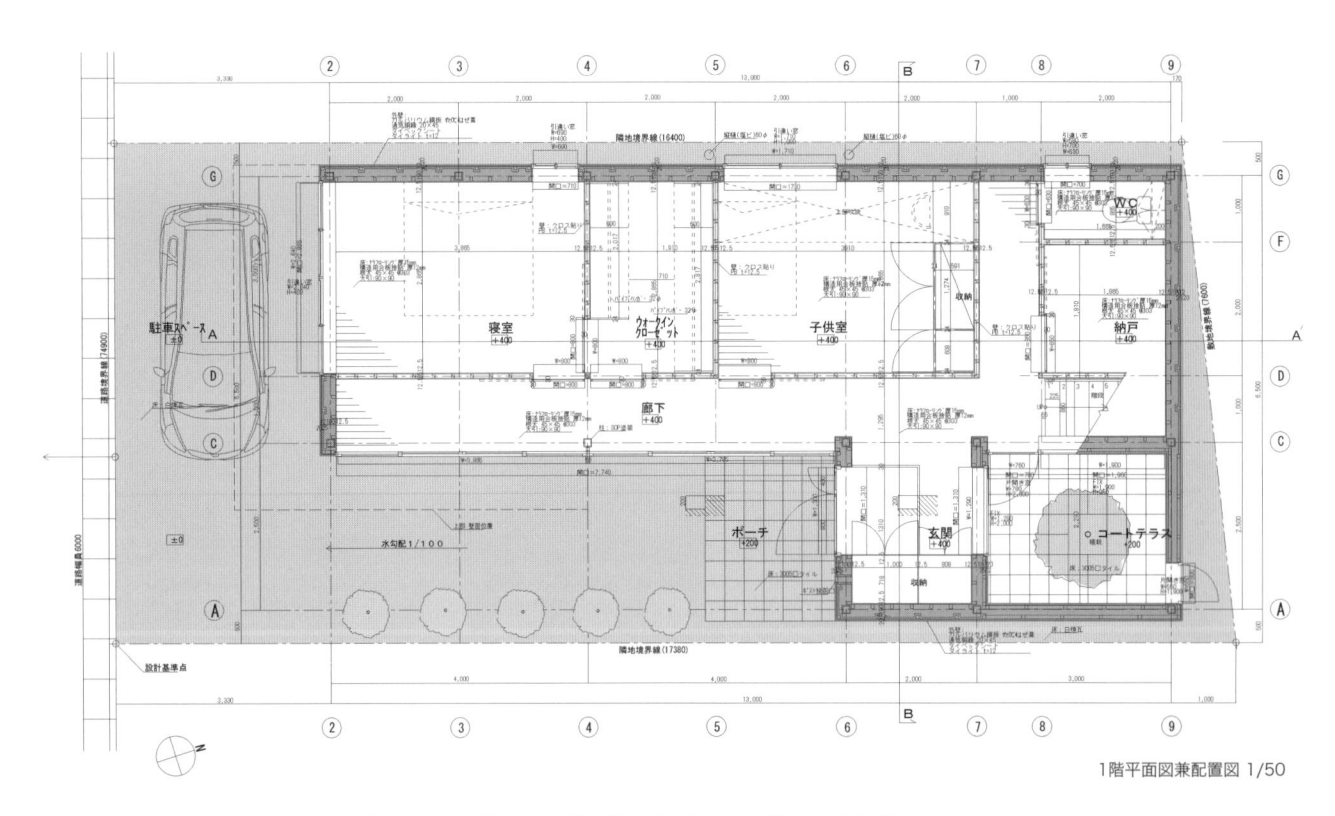

図4・4 1階平面図と配置図を同時に表した例（提供：神戸電子専門学校建築インテリアデザイン科）

◆a 配置図兼平面図　配置図には建築物の平面図を描く場合が多いが，1階平面図を描いたものを「配置平面図」（図4・4）といい，配置図と平面図を同時に表す方法として有効である．

◆b 屋根伏図　屋根伏図で表現した建築物に図4・5のような影をつけることで，各部の高さや，日陰の場所も感じさせるような配置図にすることができる．さらに，屋根の素材を表現すると現実感のある密度の高い図面となる．また，衛星写真をプリントしたものに屋根伏図を貼る方法や，不透明画材を使って直接描く方法がある．

**2）周辺環境の表現**

配置図を描くときには，建築物が図4・6のように林の中にひっそりと佇んでいるように表現するか，あるいは図4・7のように住宅街の中に溶け込むような存在として表現するのかなど，周辺の建築物や自然環境との関連性を表現すると効果的である．

樹木や池，川，野山といった建築物を取り巻く自然環境を，どのような表現方法を使って描くかによって，魅力的で美しい配置図を描くことが可能になる．図4・8のように写真を併用した技法も有効である．

表現方法としては図4・9のようにデザイントーンを使ったものや，鉛筆や水彩絵具で描いたものなど，さまざまな方法がある．

また，縮尺は表現したい範囲によって，図4・10のように100分の1から3000分の1まで多様である．

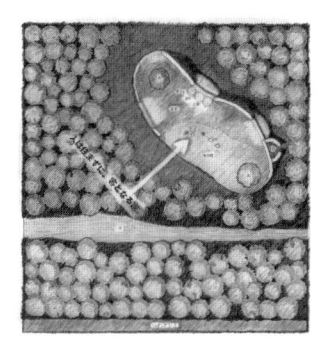

図4・6　鉛筆による表現 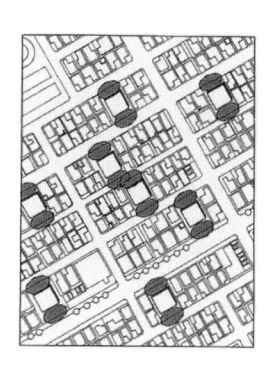　　図4・7　CADによる表現 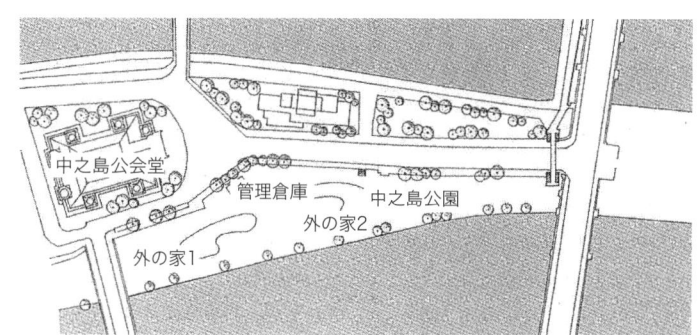　　図4・9　デザイントーンを使った水の表現

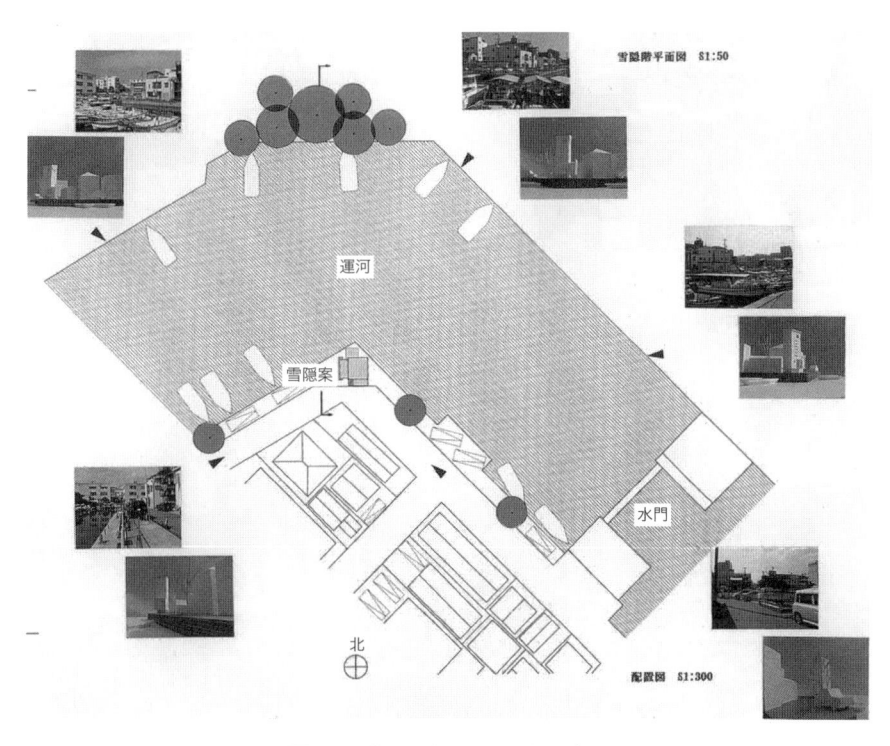

図4・8　ウォーターフロントの表現
それぞれビューポイント（▲）を設定した場所に，実在する風景写真を貼ることで敷地周辺のリアリティを増す効果がある．

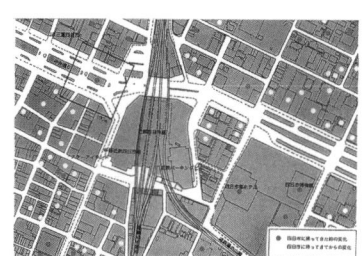

図4・10　配置図の縮尺
縮尺の大小によって，表現できる範囲が違うことがわかる．

## 3） コンピュータを使った表現

実在する土地を敷地として設定された課題，あるいは再開発やリノベーション（再生）をテーマとするような課題では，図4·11のように，その場所の地図や衛星写真を利用することで，周辺環境や敷地と建築物の関係を表すことができる．

インターネットの地図サービス（図4·12）を利用すれば，グラフィックソフトやCADで描いた建築図面を図4·13のように，実在する世界中の場所に配置することが可能である．

## 4） 概念的な表現

光や風の流れ，人や自動車の動線，あるいは人々の意識や価値観といった，目には見ることのできない方向性や流れなどを，図4·14のように図表を用いたグラフィカルな表現をすることで，コンセプトをさらにわかりやすく印象づける配置図を作ることができる．

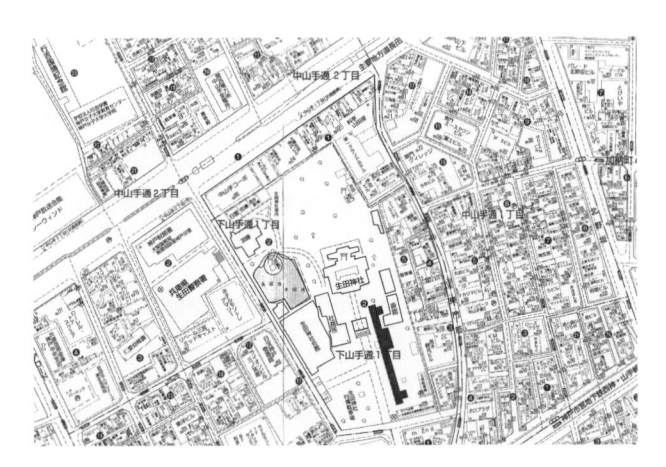

図4·11　地図を配置図として利用する

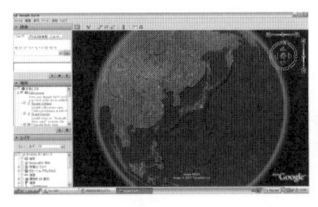

敷地図として利用できる大きさまで拡大してみる

図4·12　グーグルアースの画面
Googl Earthはインターネット上のグーグルホームページ（www.google.com）から，無償でダウンロードすることができる．

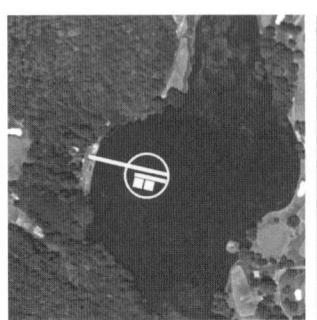

図4·13　衛星写真に建築物を配置する

応用：　各地区の役割や主要な道路等を幾何学的形態を利用した概念図として表現する

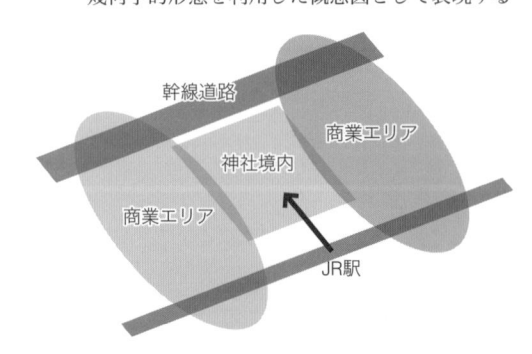

図4·14　地図を利用してゾーンを描く

## (2) 平面図の表現方法

平面図は，空間の広さ（面積），窓や出入り口などの開口部を描いて，それぞれの部屋のつながりを表したものである．家具や床材の材質も描くことで，部屋の機能や使い勝手も表現することができる．

### 1) 家具や人物を配置

平面図に，図4・15，17のように，家具や植栽などをレイアウトし人物を描くと，その部屋でどのような生活行為が営まれるのかを伝えるのに有効であり，よりいっそう生き生きとした表現にすることができる．

### 2) 抽象化した表現

図4・16は必要な要素を最小限度に抑えた表現である．部屋名も記号や数字，あるいはピクトグラムで表すことで，非常に理知的でストイックな平面図に仕上げることが可能である．しかし一般的な平面図として見た場合には，室用途などがわかりにくくなる場合がある．

### 3) 平面透視図

平面透視図は，図4・17のように，平面図と透視図を同一画面上に表現したもので，立体的な空間をイメージすることができる．

### 4) CADを使った表現

CADを使えば，コンピュータ上で縮尺を自由に変更することや，平面図を基にして立面図や断面図を作成することができ，さらには3D画像の作成へと発展させることができるなど，さまざまな展開が可能である．

また，図4・18のように，容易に画面の白黒を反転することができる．地と図を反転させた図面は異なった印象を与える．

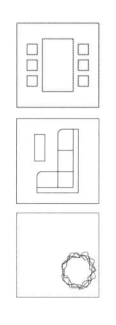

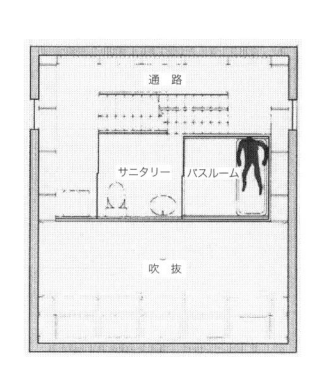

図4・15　家具・人物の配置

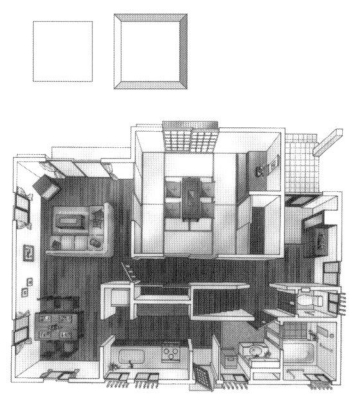

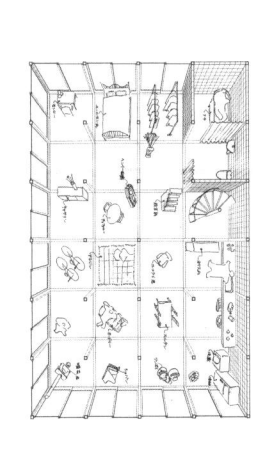

図4・17　平面透視図
(提供：アートパース・Y)

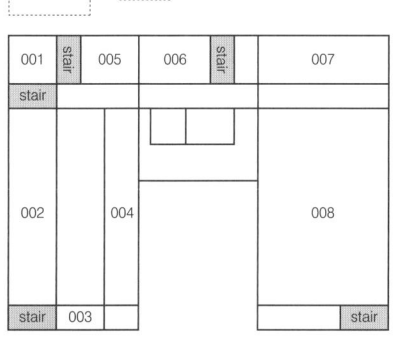

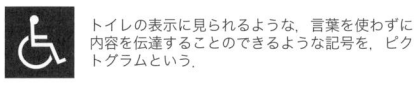

図4・16　抽象化した表現

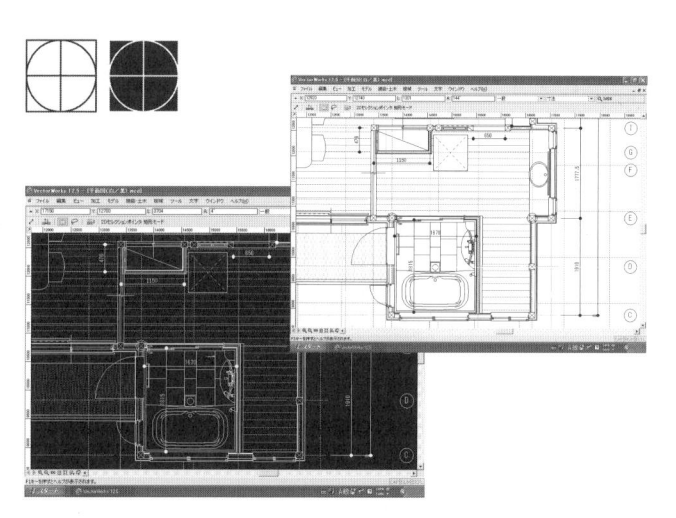

トイレの表示に見られるような，言葉を使わずに内容を伝達することのできるような記号を，ピクトグラムという．

図4・18　CADの利用（Vector Works 使用）(提供：小野建設)

## 5) 平面図の着彩

平面図に着彩することで，線描きでは表現しきれない，さまざまな情報を付加することができる．

◆**a　壁に着彩**　図4·19のように，壁に着彩することで，内部空間と構造部の違いをわかりやすく見せることができる．

◆**b　機能ごとに着彩**　各室や家具等の機能を示すために，色鉛筆やエアブラシ，デザイントーンなどを使って着彩する．複数の間取りがある場合には，図4·20のように，機能ごとに色を統一すると効果的である．

## 6) フリーハンドで描く

CADや定規を使って描いた図面を，図4·21のように，あえてフリーハンドでトレースすることで，優しく，暖かい印象の図面にすることができる．しかし，丁寧に描かないとかえって汚く，稚拙に見えるので注意が必要である．

## 7) 平面図に影をつけた立体的な表現

開口部から射し込む光や，それに伴う陰影をつけることによって，室内空間に立体感を表現することができる．図4·22でわかるように，影を45度の角度で描き，その長さで高さを表現する．

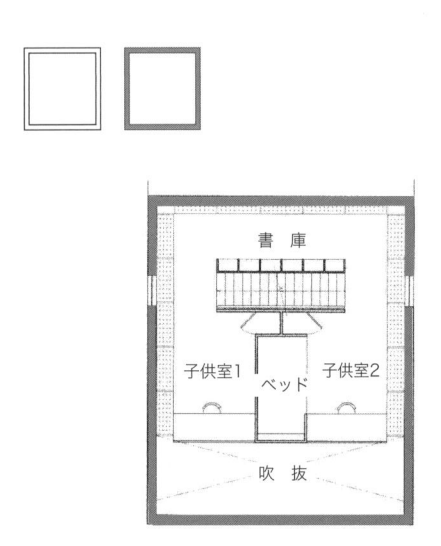

図4·19　壁に着彩

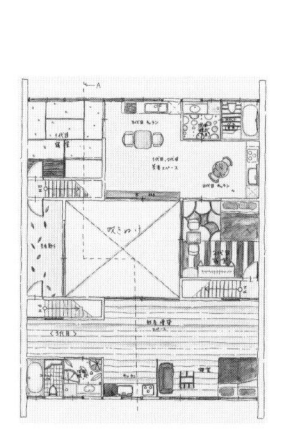

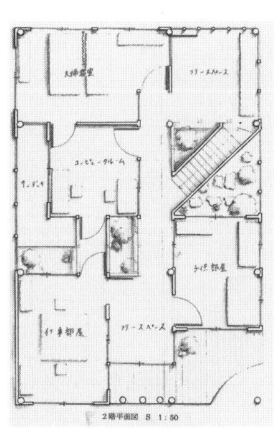

図4·21　フリーハンドによる表現

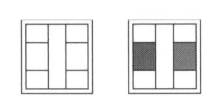

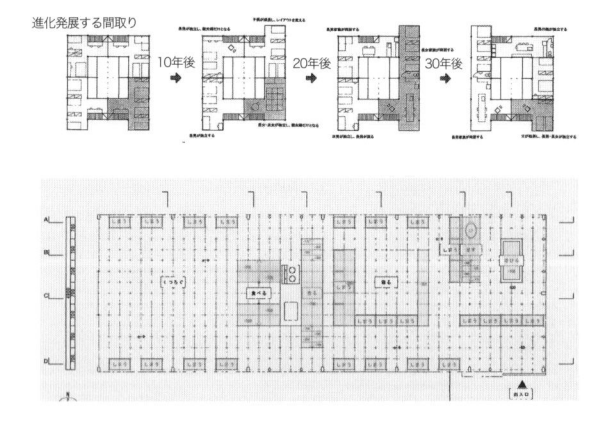

図4·20　着彩による機能の表示

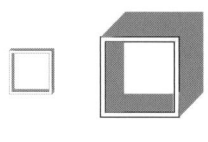

図4·22　影による高さの表現
影の「長さ」が「高さ」を表すことにつながる

## (3) 立面図の表現方法

立面図は，建築物の外観を表す図面であり，建築物の高さ，形，窓や出入り口の位置や大きさなどを表現する．

### 1) シンプルな表現

図4・23は，建築物の輪郭，主要な開口部などを，シンプルに抽象化して表現したものである．コンクリート打ち放しは，図4・24のように目地とセパ穴を描くことで表現することができる．

### 2) 背景に着彩

◆a 空を着彩　建築物と背景（空）のコントラストを強調することで，建築物の存在感を強調することができる．図4・25は背景（空）を透明水彩絵具で着彩し，さらに色鉛筆でハッチングを施した例である．

◆b 建築物の周辺を着彩　図4・26は，デザイントーンを使って，建築物周辺を木々で取り囲み建築物を強調したものである．緑豊かな自然の中にある建築物の表現に有効である

### 3) 建築物に着彩

建築物自体に色を着けたり，外壁の材質感（テクスチャ）まで描きこむことによって，図4・27のように建築物の存在感を増すことができる．

◆a さまざまな画材　庇や軒先にできる影に，鉛筆やパステル，エアブラシといった画材を使って濃淡をつけることで，それぞれの画材に特有の立体的表現をすることができる．

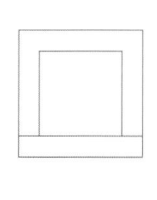

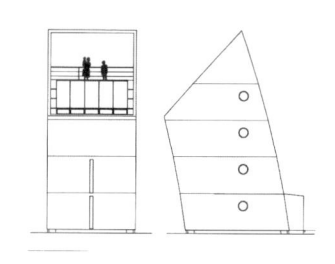

図4・23　線描によるシンプルな表現

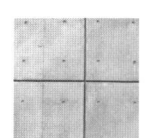

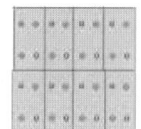

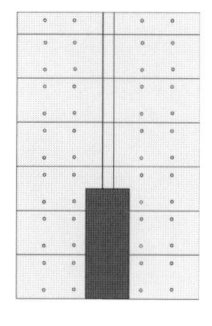

図4・24　コンクリート打ち放しの表現

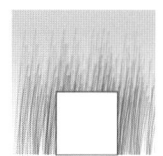

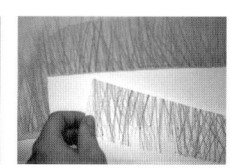

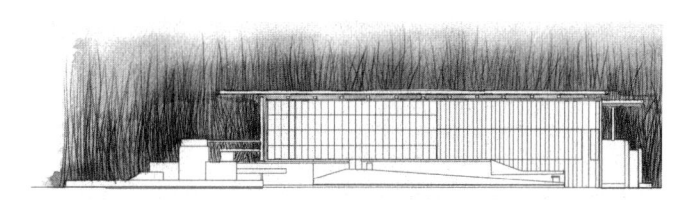

図4・25　透明水彩絵具と色鉛筆による表現

図4・26　デザイントーンの利用

(a)鉛筆 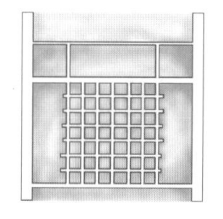　(b)エアブラシ 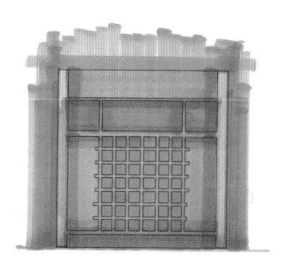　(c)マーカー 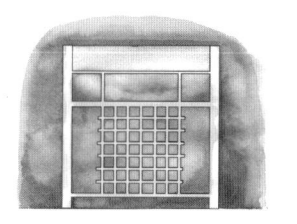　(d)水彩絵具

図4・27　さまざまな画材による着彩

◆b 透明感の表現　ガラスの面が多い建築物は，向こう側の景色を透過させることによって，透明感を表現する．図4・28は，薄い緑のデザイントーンを，ゆるやかな曲線でカットして貼り付けることで，ガラスの素材感と建築物の持つ軽やかさを表現している．

◆c コラージュ　図4・29は，写真雑誌やインターネット上の素材集などから木や金属といった素材部分を切り取り，それを直接貼る方法である．あるいは図4・30のように，素材感のある用紙に直接描くことで外壁の質感（テクスチャ）を表現すると効果的である．

### 4）配置図と立面図を同時に表現

図4・31のように，敷地とその周辺の土地断面図を立面図に描くことで，周辺環境の高低差や建築物からの眺望，あるいは周辺から建築物がどのように見えるのかを，わかりやすく表現することができる．

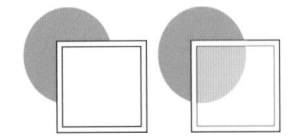

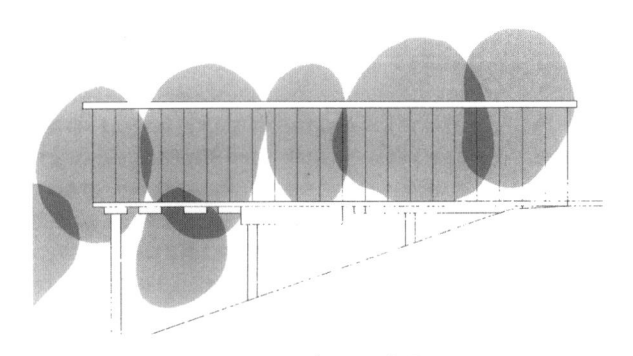

図4・28　ガラスの表現

図4・29　コラージュの例

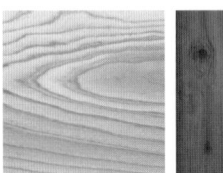

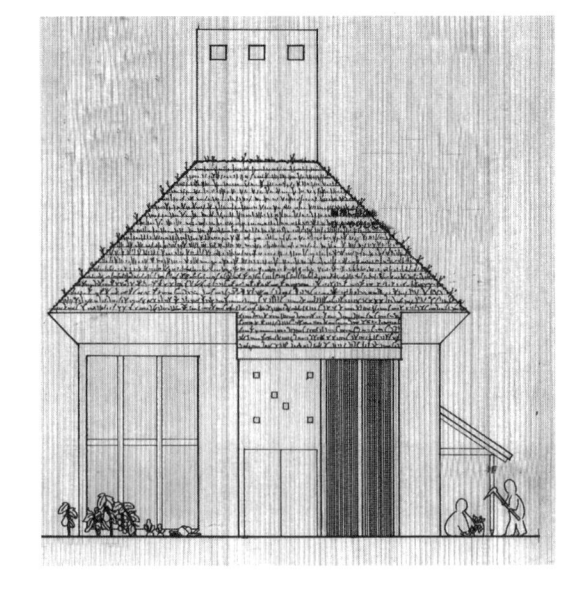

図4・30　木目調の用紙に描いて表現

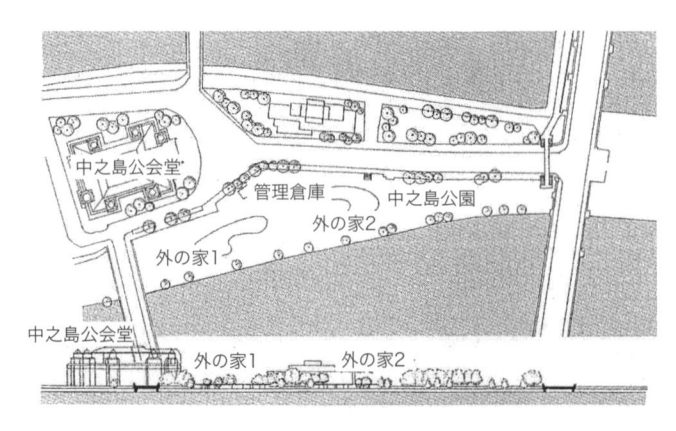

図4・31　配置図と立面図を同時に表現

## (4) 断面図の表現方法

断面図は，建築物を地盤面に対して垂直に切断し，真横から投影した図である．床高，階高のほか，構造や空間の上下の位置関係も表現する．

### 1) 壁の切断面に着彩

図4·32のように壁の切断面に着彩すると，内部空間を際立たせることができる．またガラスなどの透過する素材を効果的に表現することで，外部空間との空間的なつながりを印象づけることができる．

### 2) 点景を描く

図4·33のように人物や照明器具，家具などを描くことによって，各室の用途や生活行為が明確になり，より生き生きとした表現となる．

### 3) 採光の表現

図4·34は，開口部から入る外部からの光や，照明器具による内部の光を，暗部を着彩することで表現した例である．光を表現することにより，用途や生活感，夜間の建築物の見栄えをも表現することが可能になる．

### 4) 視線などの表現

図4·32，33からわかるように，視線や眺望，採光，熱の移動などを矢印や文字を使って表現することで，断面計画の意図を示すことができる．場合によっては文字による情報よりも的確に伝えることができる有効な方法である．

### 5) 断面パース

図4·35は断面図の奥行きを1点透視図法で描いたものである．内部空間と共に建物全体のスケール感を表現することができる．

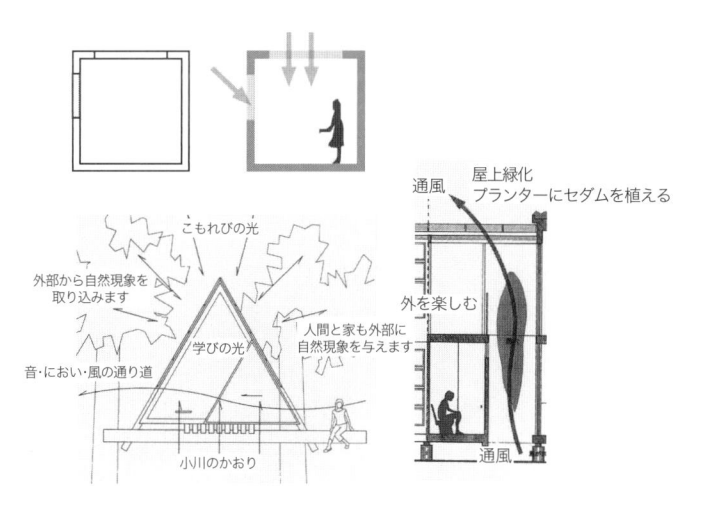

図4·32　採光・通風・温度・眺望の表現

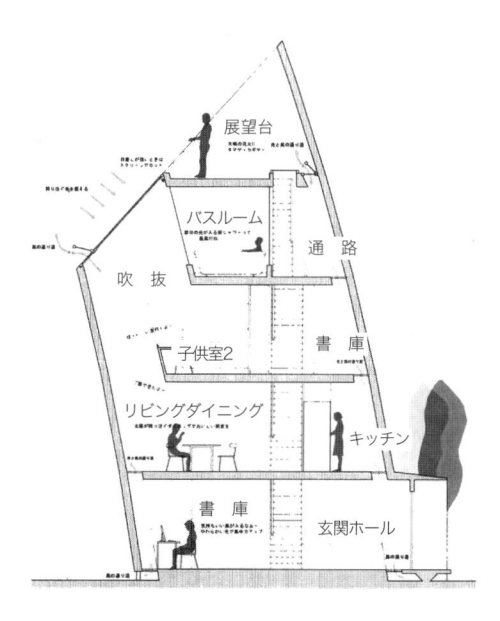

図4·33　点景を描く

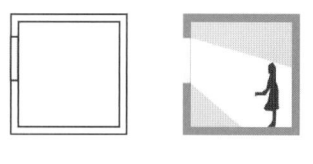

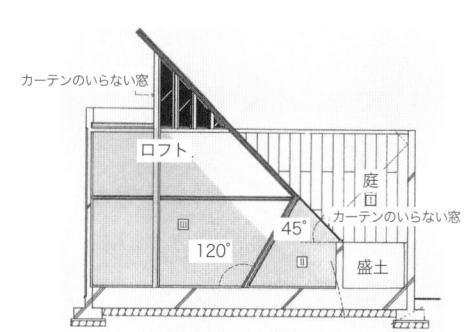

図4·34　採光の表現

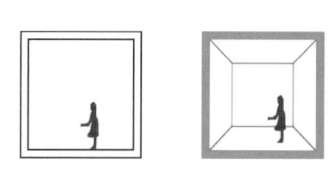

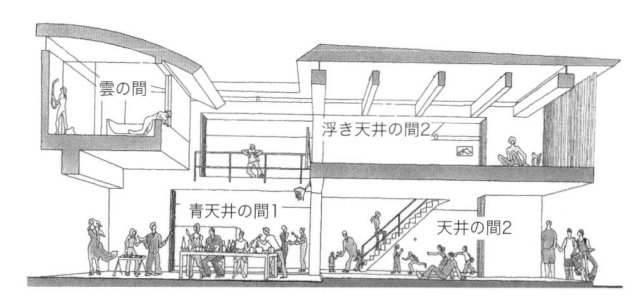

図4·35　断面図と透視図を同時に表現

## (5) 立体的な表現方法

### 1) 軸測投影図法

図4·36に示した(a)図のように，∠a，∠b，∠cの角度がすべて同じように描く図を等角投影図（アイソメトリック アクソノメトリー）という．また，(b)図のように主要面を投影面に平行に置き，斜めに投影した図を平面斜投影図（パラノメトリック アクソノメトリー）という．いずれの図も，物体の高さ・幅・奥行きを一画面上に投影する図法であり，幅，奥行き，高さの縮尺が同じで，すべての稜線が遠近にかかわらず平行で焦点を持たない図法である．平面図から建築物の壁を鉛直方向に立ち上げて描き，壁の高さは平面図の縮尺と同じになる．

◆ a 階層的な表現　　図4·37(a)に示すように，壁面や家具の配置などの内部空間の構成を，階層的に表現すると，それぞれの位置関係がよくわかる．また，(b)，(c)に示すように，躯体と壁面の関係を表現すると，それぞれの材質の違いや工法，さらには完成に至るプロセスまでもイメージできるような表現ができる．

◆ b 建築物内部の表現　　図4·38に示すように，外壁を透過させるように表現すると，内部空間を同時に表現することができる．外観の形態と内部空間の関係が表現できる．またインテリアや人物を描くことにより，部屋の用途や機能など，さまざまな情報を表現することができる．

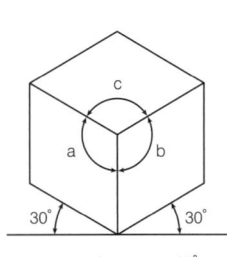

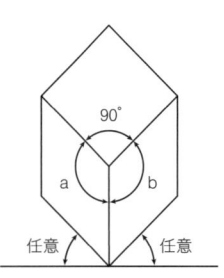

(a)等角投影図
（アイソメトリック アクソノメトリー）
∠a=∠b=∠c=120°

(b)平面斜投影図
（パラノメトリック アクソノメトリー）
∠a=∠b=135°にすることが多い

図4·36　等角投影図と平面斜投影図

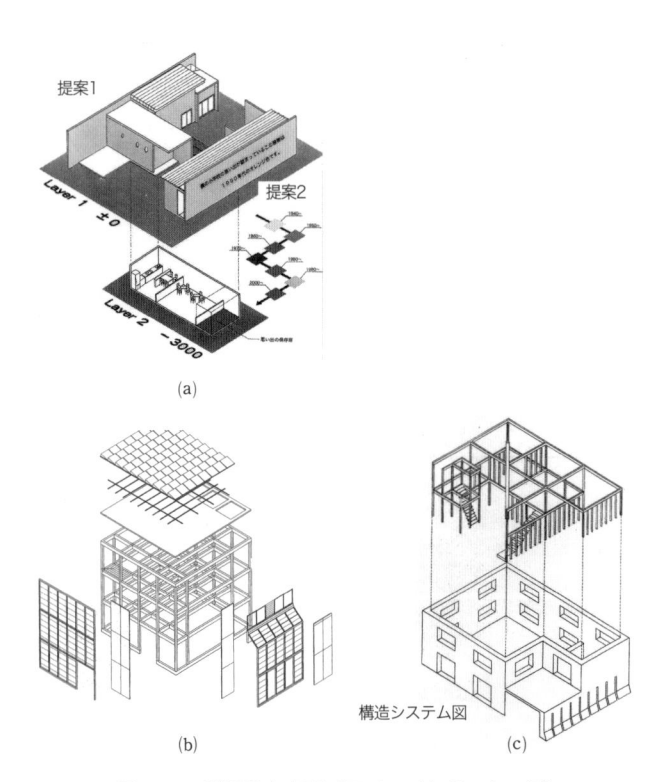

図4·37　階層的な表現（アイソメトリックの例）

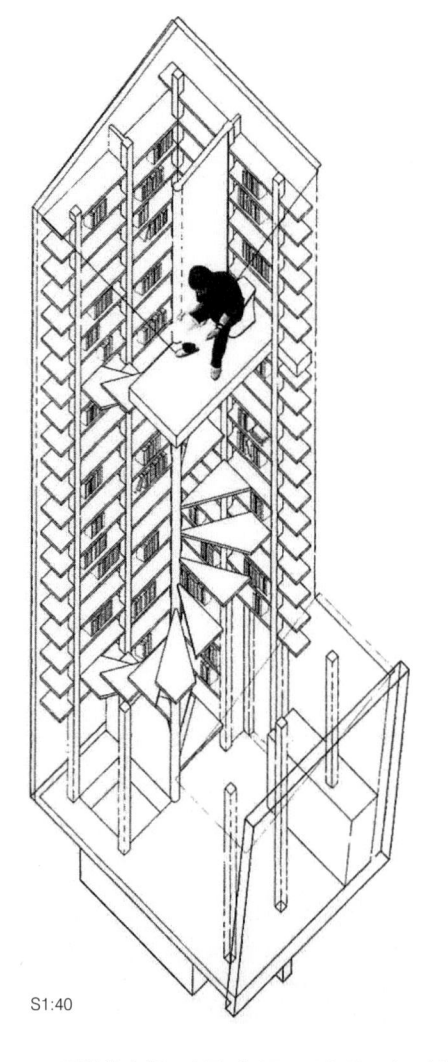

図4·38　建築物内部の表現（パラノメトリックの例）

## 2）透視図法（パース）

透視図法は，遠くにあるものは小さく，近くにあるものは大きく描かれ，自然に近い立体表現ができる図法である．

代表的なものに1点透視図法（図4・39）と2点透視図法（図4・40）がある．図4・40のように透視図に，透明水彩や色鉛筆を使って着彩すると，外観の質感や色彩，内部空間の雰囲気がよく伝わる透視図になる．

図4・39　1点透視図（線描画）

図4・40　2点透視図（透明水彩とポスターカラーの併用）（提供：コウト建築設計室）

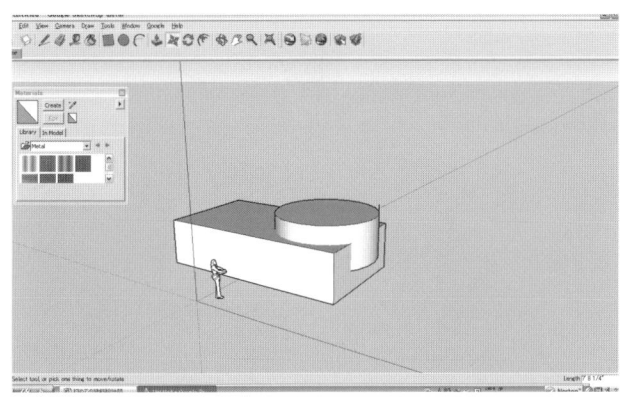

図4・41　Google SketchUpの画面

## 3）コンピュータを使った表現

使用するソフトウエアによって，多種多様な表現が可能となる．いずれも形態や配色を自由にアレンジできるという特徴がある．

◆a　3D・CADの利用　図4・41のような3D図形生成ソフトは，ごく簡単な操作で思いどおりの3Dモデルを作成できる．鉛筆でスケッチするように，アイデアを簡単に視覚化できるため，仕上げの段階だけでなく初期の建築物のボリュームを検討する際にも有効である．図4・42のような3D図形の生成可能なCADを使って描くと，さまざまな方向から見た透視図の作成ができる．さらに，レンダリングソフトを使用してさまざまな素材を貼り付け（マッピング），光源を設定することによって，図4・43のように，あたかもその建築物が実在するかのような美しい表現が可能となる．

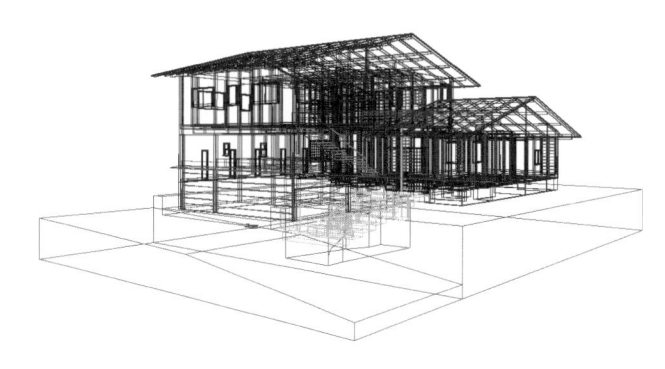

（Vector Works 使用）

（Render Works 使用）

図4・42　CADを利用した透視図（提供：小野建設）

図4・43　実際の風景写真との合成（提供：神戸電子専門学校建築インテリアデザイン科）

第4章　図面のプレゼンテーション

◆b　グラフィックソフトを用いた着彩　　ペンや鉛筆で描いた図を，スキャナを使ってコンピュータに読み込み，グラフィックソフトやフォトレタッチソフトで着彩することができる．図4・44のように，手作業で描いたものとは違った印象の，グラフィカルな表現が可能である．たとえば，平面図や断面図といったCADデータも，グラフィックソフトを使って着彩することが可能である．作成した画像は，コンピュータ上で自由にレイアウトすることができる．

◆c　模型写真の利用　　すでに精巧な模型がある場合には，撮影したデジタル画像を，図4・45で示すように，グラフィックソフトやフォトレタッチソフトを使って加工することで，オリジナリティあふれる表現が可能となる．図4・46のように，模型写真に着彩したり模型を撮影したものをトリミングしたり，線や文字を描き込むこともできる．また，図4・47に示すように，背景画像と合成して，よりリアリティのある表現をすることができる．

〔6〕点景の表現方法

建築物の周辺環境，スケール感，情景を表現するのに必要なのが点景（添景）である．点景を加えることで，建築物の存在を，よりいっそう強調することができる．

**1）樹木の表現**

◆a　円定規で描く　　円の大きさや位置に変化をつけ，リズムとバランスに注意を払うことが大切である（図4・48）．

◆b　水彩絵具で描く　　不透明水彩と透明水彩では，印象が違った仕上がりとなる．普段から樹木をスケッチし

図4・44　グラフィックソフトによる着彩（Illustrator 使用）

図4・45　模型写真の加工（Photoshop 使用）

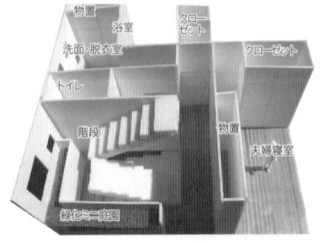

図4・46　模型写真への文字の配置（Photoshop, Illustrator 使用）

図4・47　画像の合成（Photoshop 使用）

ておくことが大切である（図4·49）．

◆ c　デザイントーンを使った表現　　幹や枝を描かない抽象的な表現でも十分に建築をとりまく優しい木々が表現できる．また，同様の効果をグラフィックソフトで作成することも可能である（図4·50）．

◆ d　スタンプを使う　　スタンプを使用する場合，間隔などが単調にならないように注意が必要である．あえて重なる箇所をつくり構成に変化をつける．市販のスタンプには図4·51のようなものがある．

◆ e　CADによる表現　　すでにサンプルとして自由に使えるものもあるが，直線や曲線を組み合わせて，オリジナルの作成もできる（図4·52）．

**2）人物の表現**

◆ a　手描きする　　スケッチ風のものや，切り絵風の抽象的なものなど，自由な表現ができる（図4·53）．

◆ b　印刷物を使う　　雑誌や写真の切り抜き，デザイントーンを使う方法がある（図4·54）．

◆ c　グラフィックソフトを使う　　描いたデータは，コンピュータ上で透視図や立面図と合成することができる（図4·55）．

◆ d　素材サンプル集を使う　　パソコン用素材サンプルを，パソコン上で配置したり，プリントしたものを図面に貼ることで，リアリティのある点景として使うことができる（図4·56）．

**3）その他の点景**

コンセプトや建築物の雰囲気をより印象深く表現するために，車や動物などの点景を描く（図4·57）．

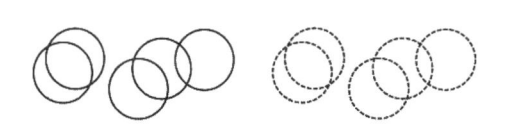

図4·48　円定規で描いた樹木

図4·49　水彩絵具で描いた樹木（提供：アートパース・Y）

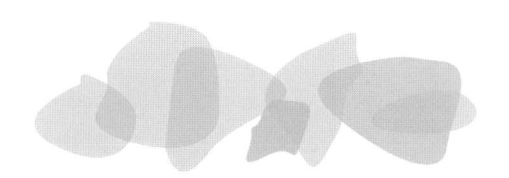

図4·50　デザイントーンを使った樹木

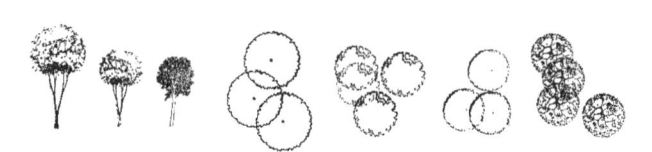

図4·51　スタンプの樹木

図4·52　CADで描いた樹木

図4·53　手描きの人物

図4·54　写真やデザイントーンを使った人物

図4·55　グラフィックソフトで描いた人物（Illustrator 使用）

図4·56　素材サンプル集を利用した人物

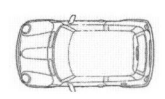

図4·57　その他の点景

## 4) コンピュータを使った加工

フォトレタッチソフトやグラフィックソフトを使うことで，模型写真や各種図面を修正することや，それらに効果的な加工をすることができる．

◆ a 模型写真のトリミング　図4·58のように，模型写真の撮影の際に手が写ったものや画面が傾いたものは，フォトレタッチソフトを使えば容易に修正ができる．

◆ b 模型写真の特殊効果　図4·59は，強調したい人物にピントをあてたような効果を出したものである．他にも明度や彩度，焦点，コントラストなどの加工が容易にできる．

◆ c 点景と図面の合成

著作権がフリーの素材サンプル集や，自分で撮影した画像を，図4·60のように，模型写真や断面図，透視図などと合成することができる．

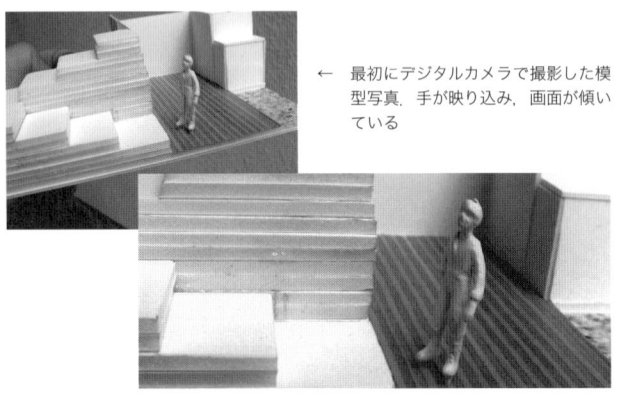

図4·58　模型写真のトリミング（Picasa 使用）

Picasa はインターネット上のグーグルホームページ（http://www.google.com）から無償でダウンロードすることができる．

図4·59　模型写真の特殊効果（Picasa 使用）

よりリアリティのある表現へ

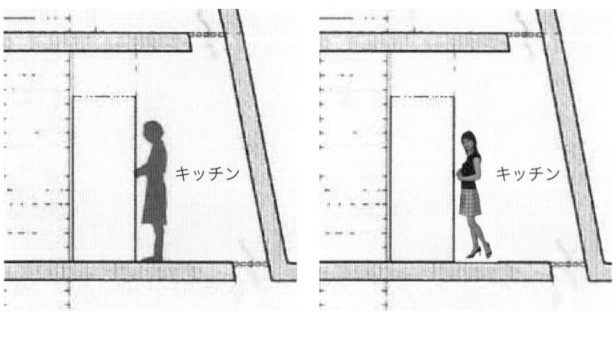

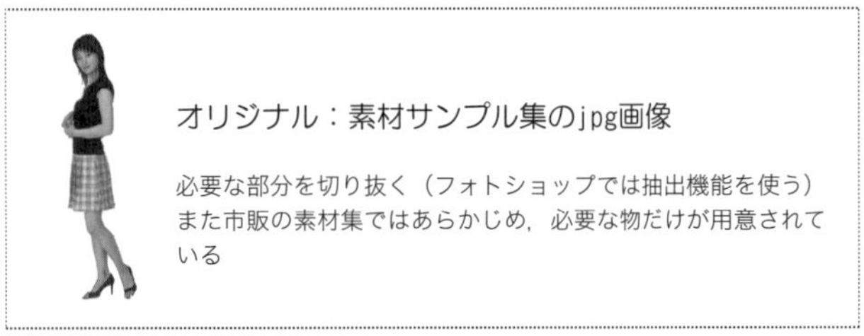

オリジナル：素材サンプル集のjpg画像
必要な部分を切り抜く（フォトショップでは抽出機能を使う）
また市販の素材集ではあらかじめ，必要な物だけが用意されている

建築物を強調するために，手前の人物を半透明にする

透視図には人物にも大小をつけて遠近感を表現する

図4·60　点景との合成（Photoshop 使用）

## 〔7〕寸法・文字の表現方法

### 1）寸法線・方位・断面位置

図4・61に挙げた記号は，単に長さや東西南北を表すという役割だけでなく，画面にアクセントを与え，コンセプトの個性を表す重要な要素である．各図面との調和のとれたデザインを心がける．

### 2）文字

◆a　フォント　図面中の文章（テキスト）のデザインも大切な要素である．図4・62にいくつかの例を挙げた．和の雰囲気を強調するために勘亭流，楽しげな雰囲気を伝えるためにポップ体を使うといったように，書体（フォント）の選択は図面の雰囲気に合わせて選択する．

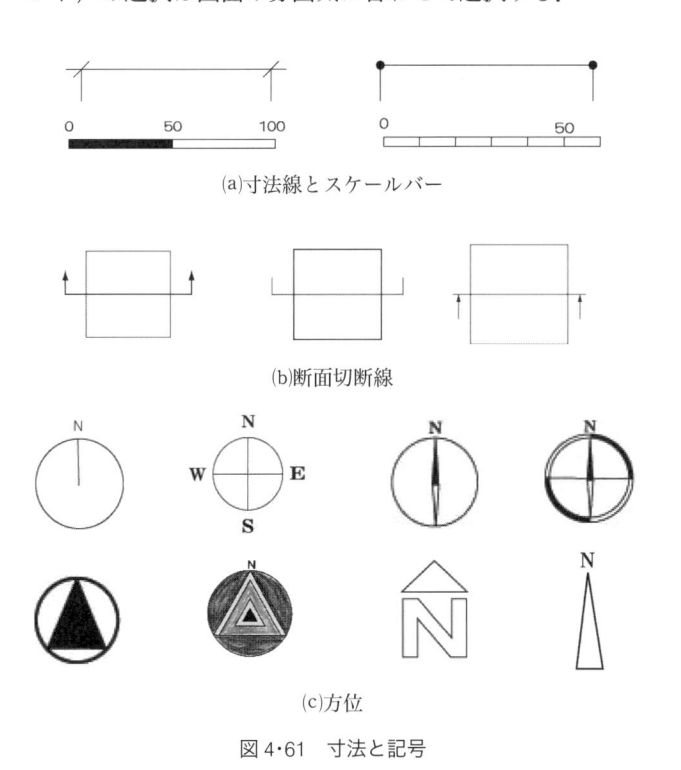

一般に，文章を一息に読ませるための文字は明朝体の方がゴシック体よりよい．また，テキスト（文字）は縦書きと横書きが混在すると読みにくくなる．どちらがコンセプトを表現するのに適しているのかを考え，できるだけ統一したほうがよい．

◆b　タイトル・ロゴ　タイトルは作品のコンセプトを集約したもので，視線の導入ポイントとなるために，内容的にも視覚的にも重要なポイントとなる．図4・63からもわかるように，コンセプトや他の構成要素との関係で，タイトル自体もひとつのデザインとして重要視する必要がある．

(a)寸法線とスケールバー

(b)断面切断線

(c)方位

図4・61　寸法と記号

図4・62　代表的なフォント

(a)基本形

(b)文字と図形の組み合わせ

(c)背景にイメージ画像を使った例

(d)模型写真と文字の合成

図4・63　タイトルのデザイン

第4章　図面のプレゼンテーション

## 4・3 建築模型と模型写真

### (1) 建築模型の活用の意義

建築コンペや卒業設計においては、透視図のかわりに模型写真を用いる場合がある。建築模型の製作や模型写真の活用には、次のような意義がある（図4・64）。

まず第一に、「透視図以上に設計した建築物をリアルに表現できる」ことが挙げられる。使用する素材や材質を工夫することにより、実物らしく表現することができる。そして写真撮影の背景などに配慮することにより、臨場感あふれるものが表現できる。

第二に、「プレゼンテーション用であっても設計段階の検討用に兼用できる」ことが挙げられる。設計した建築物の全体または詳細部分を把握するために、各種図面を描く前に、プレゼンテーション模型が作られることがある。これにより、建築物全体のデザインやボリュームを把握することができ、設計内容を再検討することができる。また、建築物のイメージやボリュームを把握するために製作されるエスキース段階におけるスタディー模型もプレゼンテーションに用いられることがある。

第三に、模型を写真に撮ることによって、設計した建築物を「さまざまな角度から建築物の姿を表せる」ことが挙げられる。同じ模型でも、見る角度により模型の見せる姿はさまざまである。自分の設計意図や図面のプレゼンテーションに照らし合わせ、最も相応しいものを選び出すことができる。

最後に、「図面のレイアウト上も有効」であることが挙げられる。写真データとして活用することにより、模型写真自体の大きさも自由で、写真の形もさまざまにデザインしてプレゼンテーションすることができ、図面のレイアウトの自由度が広がる。また、デジタルデータとして写真画像を使用すれば、写真の合成や編集なども自由自在で、さまざまなバリエーションのプレゼンテーションが可能である。

### (2) 建築模型のバリエーション

建築模型には、ボリューム模型、敷地模型、コンセプト模型、外観模型、内観模型、構造模型がある。

**1) ボリューム模型**

建築物のおおよそのスケールや外形を表現するために作られる模型をボリューム模型といい、立体感を把握するのに役立つ。図4・65では、左側が完成模型であり、右側がボリューム模型である。

**2) コンセプト模型**

設計意図を表現するために作られる模型をコンセプト模型という（図4・66）。詳細な表現は避け、できる限りシンプルに作られる。

**3) 敷地模型**

敷地模型は、敷地の形状や高低差などを表現し、スケール感などをつかむのに用いられる（図4・67）。

**4) 外観模型**

建築物の外観デザインを表現するために作られる模型を外観模型という（図4・68）。建築物全体の形や色も表現できる。

**5) 内観模型**

建築物を鉛直面または水平面で切断し、内部空間を表現する模型を内観模型という（図4・69, 70）。室内空間をよりリアルに表現することができる。

**6) 構造模型**

建物の構造を表す模型を構造模型という（図4・71）。構造に特徴があり、それを強調して表現したい時などに作られる。

**7) 周辺環境との関わりを表した模型**

敷地とその周辺環境とのかかわりを表現するために、しばしば模型が製作される（図4・72）。対象建築物と周囲の建築物を別の素材で作ることにより、対象建築物を際立たせて表現することができる。

| 透視図以上に設計した建築物をリアルに表現できる | プレゼンテーション用であっても設計段階の検討用に兼用できる | さまざまな角度から建築物の姿を表せる | 図面のレイアウト上も有効 |

図4・64 建築模型の活用の意義

図 4・65　ボリューム模型

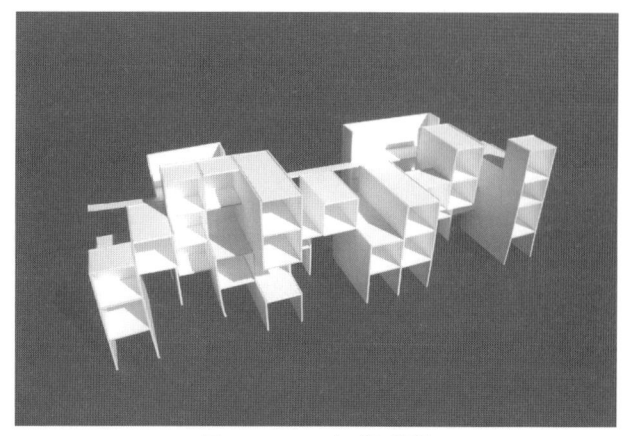

図 4・66　コンセプト模型

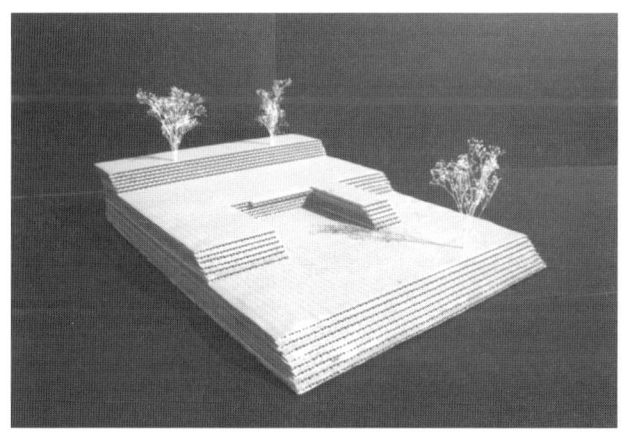

図 4・67　敷地模型

図 4・68　外観模型

図 4・69　内観模型(1)

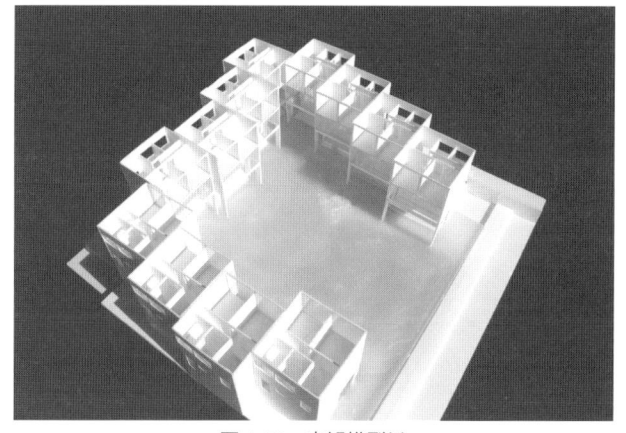

図 4・70　内観模型(2)

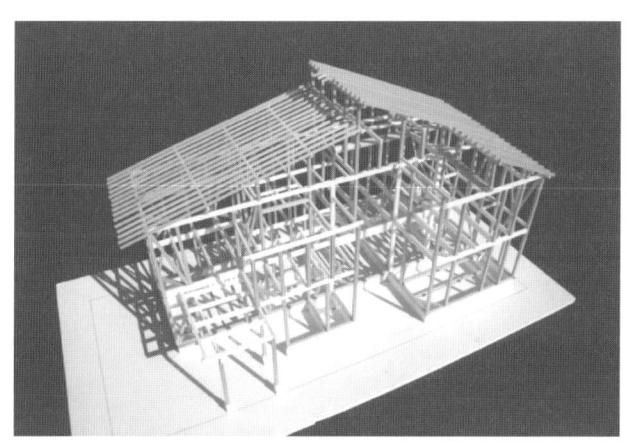

図 4・71　構造模型

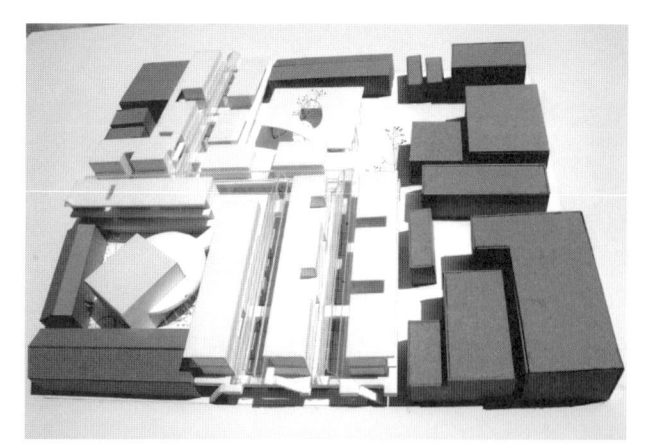

図 4・72　周辺環境との関わりを表した模型

第 4 章　図面のプレゼンテーション　61

## 〔3〕模型の素材と周辺パーツ

建築模型は，使用する素材によって，同じ形状であっても，見え方や感じ方は異なる．各素材が持つ特徴を生かし，コンセプトをより明確に伝えられる素材を選ぶことが重要である．

同様に，樹木や人物など模型を彩る周辺パーツもさまざまな素材がある．コンセプトに応じて選択することが大切である．

図4・73に建築物，図4・74に樹木，図4・75に人物，図4・76に水，図4・77に車・家具・周辺環境の素材別模型パーツの参考例を示す．

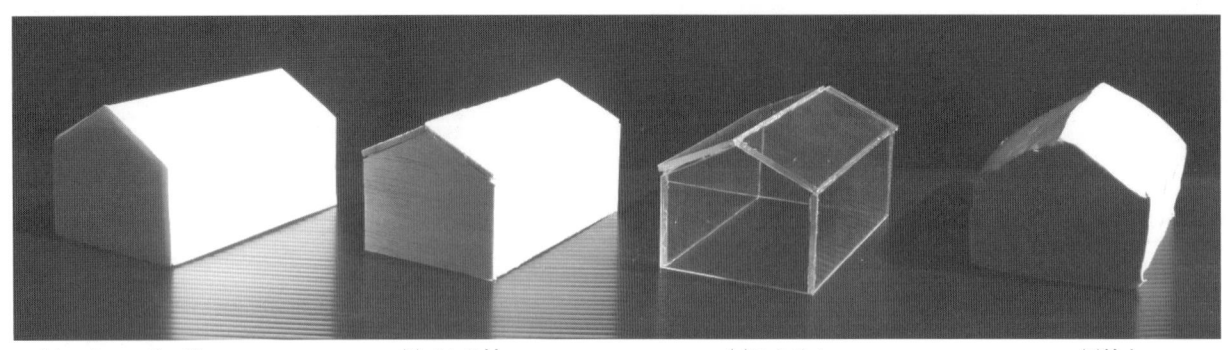

(a)スチレンボード　(b)バルサ材　(c)アクリル　(d)粘土
図4・73　建築物

(a)自然の枝木　(b)かすみそう　(c)針金とスポンジ　(d)発泡系素材の球体
図4・74　樹木

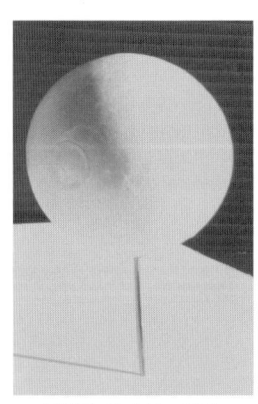

(a)白地　(b)ペイント　(c)写真　(d)立体模型
図4・75　人物

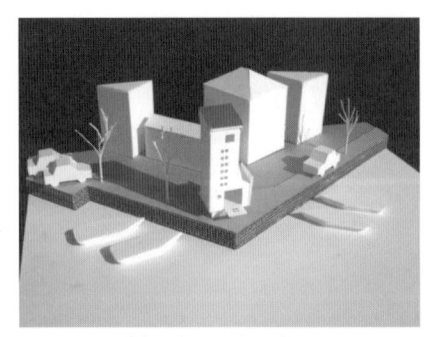

(a)リップルボード　(b)スチレンペーパー　(c)パラフィン
図4・76　水

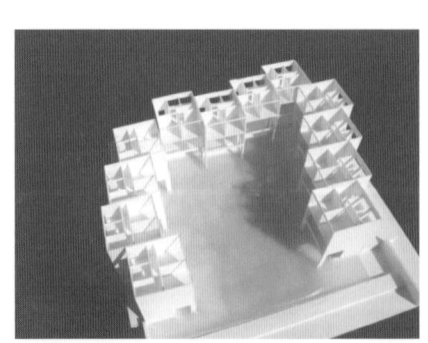

## 〔4〕さまざまな模型作品

模型はコンセプトをより伝えやすくする手段である．そのため，素材の選び方は大変重要である．模型は単一の素材で作られることは少なく，さまざまな素材を組み合わせて作られる．同時に模型の建築物および周辺環境のボリュームの設定も重要である．また敷地や人物・植栽などの点景を作り込むことで，より臨場感のある模型をつくることができる．図4・78にその例を示す．

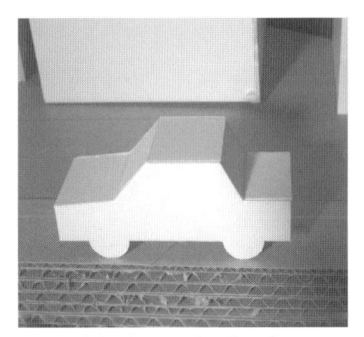

(a)スチレンボードの車 　　(b)家具 　　(c)段ボールで作った周辺環境

図4・77　車・家具・周辺環境

| | a | b | c |
|---|---|---|---|
| 写真 |  |  |  |
| 構成素材 | 建築物 －スチレンボード<br>地盤 －段ボール<br>車・船 －スチレンボード<br>植栽 －自然の枝木<br>海 －スチレンボード | 壁 －バルサ<br>屋根 －リップルボード<br>地盤 －スチレンボード<br>植栽 －自然の枝木 | 壁 －リップルボード<br>屋根 －スチレンボード<br>ガラス －塩ビ板<br>地盤 －スチレンボード<br>植栽 －かすみそう |
| | d | e | f |
| 写真 |  |  |  |
| 構成素材 | 建築物 －スチレンボード<br>地盤 －スチレンボード<br>車・人 －スチレンボード<br>植栽 －かすみそう | 建築物 －スチレンボード<br>ガラス －塩ビ板<br>地盤 －段ボール<br>人 －スチレンボード<br>植栽 －かすみそう | 建築物 －スチレンボード<br>地盤 －スチレンボード<br>人 －スチレンボード<br>植栽 －かすみそう<br>屋上植栽 －スポンジ |

図4・78　さまざまな模型作品

### (5) 模型写真の撮影方法

建築コンペ・卒業設計では，製作した建築模型本体を提出することはほとんどない．製作した模型を写真に収め，製図用紙に貼り込んだり，取り込んだりしてプレゼンテーションするのが一般的である．そのため，製作した模型をより有効に活かすために，撮影テクニックは大変重要である．ここでは模型写真の撮影方法を紹介する．

室内で撮影する場合の基本的なセッティングの例を図4・79に示す．台の大きさは適当なものを選べばよいが，模型本体と背景となるバックとの距離に留意する．離れ過ぎると台が写りすぎてしまい，近寄り過ぎると背景にムラが生じてしまう．ライトは直接光と間接光の2つ用意するのが望ましい．直接光にはタングステンライトを用いるが，家庭用の電球でもよい．ただし，白いスチレンボードの模型を撮影するには，白熱灯や蛍光灯は避ける．間接光は天井に反射させて使用するが，反射率の良くないときはスチレンボードなどの白色板をレフ板として使用する．カメラは手振れを防止するために三脚に固定するのが望ましい．ただし，手早くさまざまな角度から撮影するときは手持ちの方がよい場合もある．

カメラにはデジタルカメラとフィルムカメラがあるが，模型写真を撮影するときは，デジタルカメラの方が便利なことが多い．実際模型を撮影するときは，さまざまなアングルから被写体を撮影し，その中から取捨選択することになる．デジタルカメラであれば，その場で撮影結果を確認することができる．

模型の内部を撮影する場合や立体感を強調して表現したいときは広角レンズ（12－24mm）を用い，12mm寄りで撮影する．水平と垂直を保って歪みの少ない撮影が可能である．

ディテールなどのアップを撮影することも多いので，コンパクトカメラであっても接写機能のあるカメラが望ましい．

コンパクトカメラでも一眼レフカメラでもオート機能で撮影すれば，きれいな写真をとることができる．カメラの露出はシャッター速度と絞りの組み合わせによって決まり，オート機能はカメラが状況に応じてそれらを調整し撮影してくれるからである．しかし，マニュアル機能に切り替えて露出することにより，一味違った写真の撮影が可能となる．

現在一般的に市販されている一眼レフカメラなどには，自分で設定した絞り数値に応じて，カメラが適正露出に必要なシャッター速度を自動的に設定する機能がある．これを活用することにより模型写真に特殊な効果をもたらすことができる．

絞りを開くと，カメラの中に多くの光を取り入れ，シャッター速度は速くなる．このとき，ピントの合う範囲は前後に狭くなる．これにより，手前の模型にピントを合わせ，奥の背景がぼやけた写真を撮ることができ，手前の模型を際立たせた写真ができる．

逆に，絞りを閉じると，カメラの中に取り込まれる光の量が少なくなり，シャッター速度は遅くなる．このとき，ピントの合う範囲は前後に広くなる．これにより，手前の模型だけでなく，その奥に広がる背景にもピントを合わせることができ，遠近のある写真であっても，写真全体のピンボケをなくすことができる．

模型写真は，撮影する場所（図4・80），撮影する時刻，

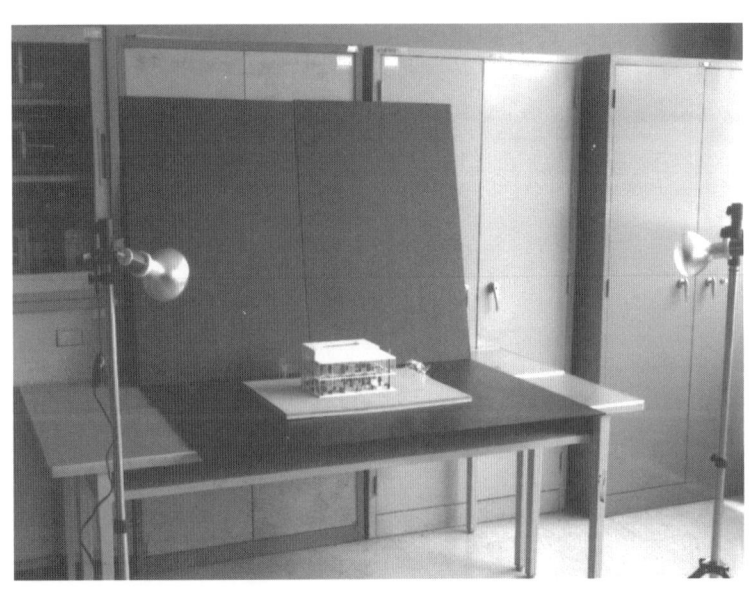

図4・79　室内撮影のセッティング例

カメラアングル（図4・81）や背景などにより，さまざまに表現することができる．

屋内で撮影する場合は，主に人工光源（ライト）を使用し，屋外であれば自然光を利用するのが一般的である．

屋内・屋外を問わず，自然光を利用するときは，午前中の自然光で撮影したほうが，明るい仕上がりとなるので望ましい．また屋内を暗くし，模型の内部に照明を取り付け，夜間の情景を演出する手法もある．

カメラアングルは，アイレベルからの撮影と鳥瞰からの撮影が一般的である．表現したい写真の意図によってアングルを選択する．

青空を背景に撮影すると，より臨場感を得ることができる．撮影した写真を，パソコンなどの画像処理ソフトを用いてさまざまに加工することも可能である．

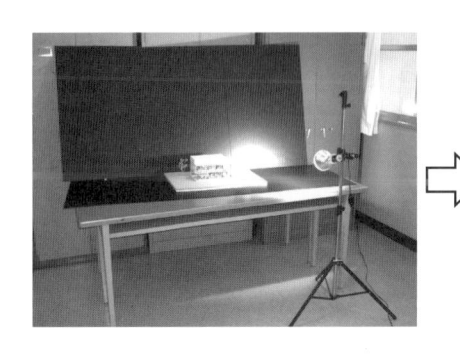

a：屋内での撮影
屋内で人工光源（ライト）を使用して撮影することにより，意図するアングルや陰影を得ることができる．模型の色と背景色との組み合わせに留意する．

b：屋外での撮影
屋外で自然光を用い，自然背景を利用して臨場感溢れる写真を撮影できる．撮影時に周辺建築物などの不要なものが被写体に入らないように留意する．

図4・80　撮影場所による違い

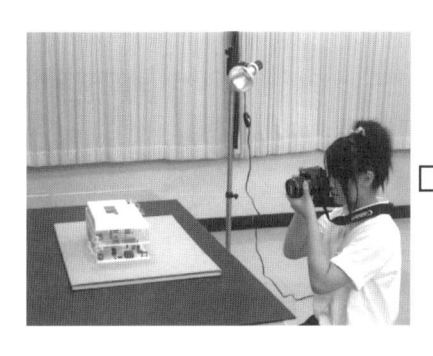

a：アイレベルからの撮影
目線の高さに近いアングルから撮影することにより，建築物の正面をクローズアップして表現できる．模型写真による臨場感を得やすい．

b：鳥瞰からの撮影
目線の高さを上げることにより，敷地と建築物の関係など全体を表現することができる．特徴的な外観の表現にも適する．

図4・81　カメラアングルによる違い

## 4・4　設計主旨のまとめ方

### (1) 設計主旨とは

　建築コンペや卒業設計においては，各種図面とともに設計主旨を明示することが求められる．設計主旨とは，課題に対して自分がどのように考え，どのような提案をおこなったのか，またどのようなところにこだわって設計したのかを文章で説明するものであり，簡潔に言えば「コンセプトを表現するもの」である．

　設計主旨は，図面で表しつくせない事柄を補完するとともに，見落とされかねない重要事項に気づかせる役割をもっている．設計主旨は魅力的な表現にし，見る人を図面の中に引き込む表現となるよう心掛けたい．見る人を飽きさせず，見やすく，文章が長文になるときは箇条書にするなどの工夫が必要である．

### (2) 設計主旨の作り方

　設計主旨の作り方として，課題を分析し，考え，形にしたときに辿った足跡を振り返る方法がある．スケッチブックや図面，メモ用紙には，エスキース時にさまざまに悩み，考えた跡が残っているはずである．そこには自分の一番伝えたいこと，提案したいことが書かれているはずである．そのキーワードを核に，設計主旨を作り上げていくのである．

　また，改めて考えたこと，伝えたかったことを思い起こし，キーワードを並べ，それを組み立てていく方法がある．まず，思いつくままに書き並べ，次にそれをグループ化する．そしてグループ化したものを整理・統合し文章化する．

### (3) 設計主旨のいろいろ

　設計主旨は，説明文の形式で記述することが多い（図4・82）．また，このほかに，自分の提案した設計の世界の生活風景をストーリーとして展開する方法がある（図4・83）．親子や友達同士など，物語に登場する人物の会話によって表現すると，設計案の中の人々の暮らしぶりを臨場感あふれる物語のように伝えることができる．

　設計主旨では，その課題に対する提案内容のすべてを文章で表現する場合が多いが，提案した設計の世界に見る人を引き込むためのもの，本に例えると「まえがき」のようなものもある．

---

佐用川に並ぶ土蔵屋敷の再生

　兵庫県西播磨宿場町平福は，因幡街道随一の宿場町として栄え「利神城跡」や「宮本武蔵決闘の碑」などの旧跡が数多く残っており，星の降る町としても有名です．

　街道沿いに連なる格子などの意匠が施され，街道の裏側になる佐用川沿いには，川座敷や土蔵群が軒を連ね，訪れた人達をノスタルジックな気分にさせてくれます．

　しかしこの町も高齢化が進んできています．

　そこでこの町並みを崩さず若い世代が楽しく住みやすい，土蔵屋敷を再生した住宅を考え，地域の人達や観光客とコミュニケーションを図れるように計画しました．

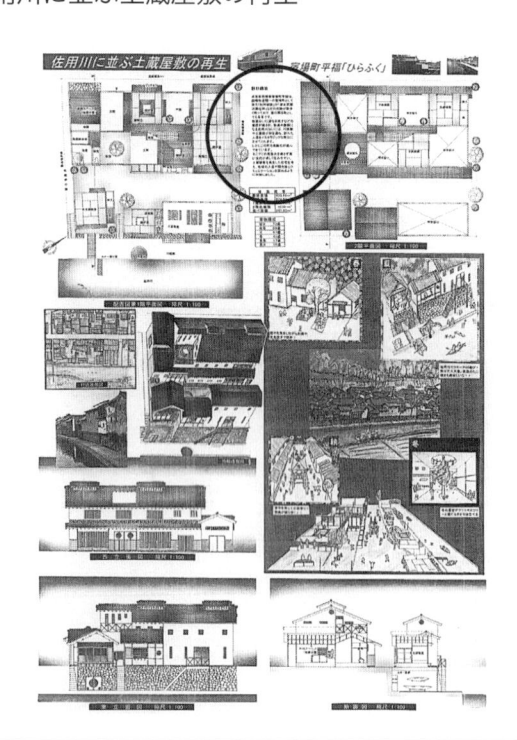

まず課題の設定場所の地域性や風景を丁寧に解説している．そして，それらを踏まえての自分の提案を説明している．

図4・82　「説明型」の例

## 余暇農業のできる自然重視の住まい

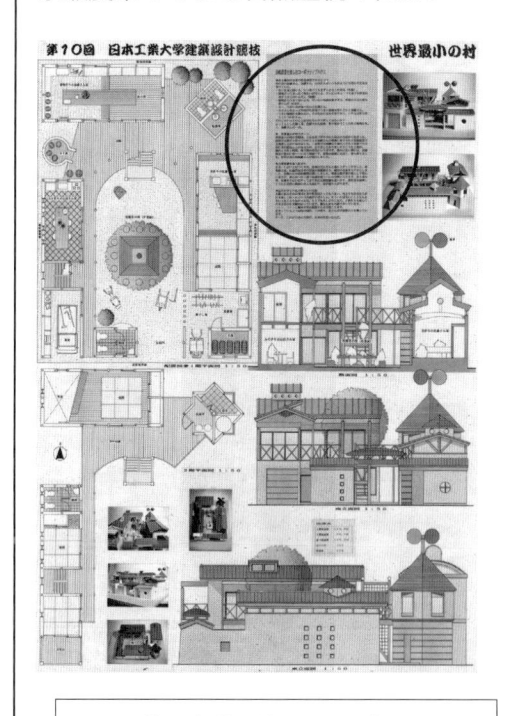

ある社員食堂の社員同士の会話より設計主旨がはじまる．その後，物語としてストーリーが展開されている．

★**ある都内の会社の社員食堂でのひとコマ**

仲の良い佐藤さん．加藤さん．山田さんがいつものように日替わり定食を食べている．
・安い定食とはいえ．いつ食べてもまずいよなこの米は（佐藤）．
・漬物だってまったく味わいがないよ．だいたいキューリも茄子も野菜自身がうまくないんだよな（加藤）．
・味噌汁もうまくないよな．だいたい味噌が悪すぎる．原料の大豆の質も悪すぎる（山田）．

…中略…

★**忘れかけていた人間らしい生活**

太陽の恵みを沢山受けた米や野菜はとってもうまい．何よりも自分たちが汗を流して作ったという実感がすばらしい．そういえば長いこと土なんかさわったこともなかったな．ミミズも久しぶりに見た．子供たちも泥んこのまま家の中を駆け回っています．鶏もわがもの顔で歩いています．

コトン．コトンと風車が米を脱穀する音が聞こえます．

止まっているような時の流れ．土の香り．赤とんぼが屋敷の上を舞っています．

そーだ．これが日本の生活だ．日本の住まいなんだ．

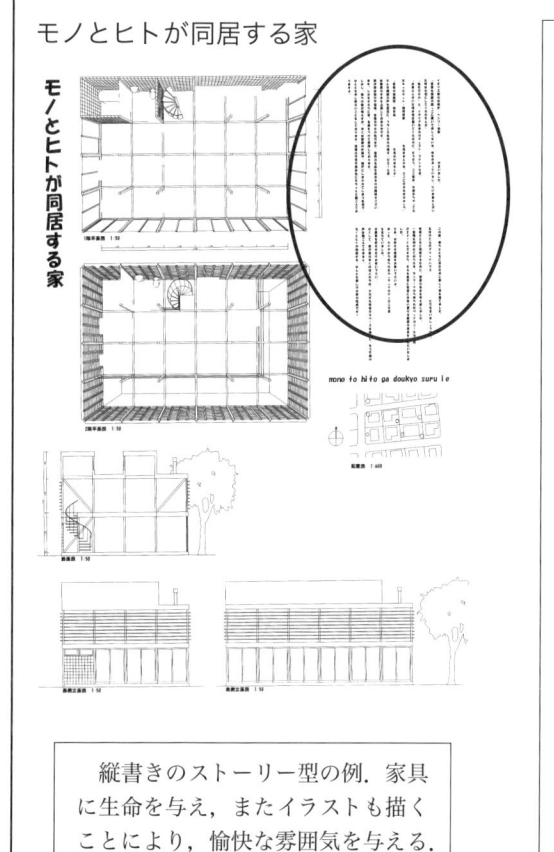

## モノとヒトが同居する家

縦書きのストーリー型の例．家具に生命を与え，またイラストも描くことにより，愉快な雰囲気を与える．

イギリス製の柱時計・ヘンリー伯爵が言いました。
「我輩を部屋の隅っこに置いてほしくないね。埃もかぶっているし。ひいお爺さんがいた頃は大切にしてくれたもんだ」
「私もですわ」と、イタリア生まれのチェスト・マドンナ女史。
「お婆さんがいた頃は毎日磨いてくれたのに。そうそう、ここ数年、中国からやってきたキャビネット関羽将軍を見ませんわね。どこに行かれたのかしら」

…中略…

小屋裏を好きなだけお使い下さい。
かくして、我が家の多くの住人たちは、それぞれ安住のスペースを確保し、もう不満の声は聞こえてきません。
モノとヒトが同居する、なんとも楽しげな家の完成です！

図4・83 「ストーリー型」の例

# 4・5 完成図面のレイアウト

## (1) レイアウトのポイント

### 1) レイアウトとは
図面や文章などの要素の構成や配置をレイアウトという．レイアウトは，それらをただ見栄え良く並べればよいわけではなく，伝えたい内容を効果的に伝えるものでなければならない．

### 2) 構成のポイント
レイアウトを生き生きさせるポイントは，リズムとバランスである．たとえば図4・84のように，厳格さ，安定感などの「静」のイメージを強調するときには垂直・水平を強調したレイアウトを基本とする．ダイナミックなイメージを表現するには，大小の差を大きくし，傾斜した方向性を強調して動きを生むようにする．

### 3) ガイドラインの利用
1枚の紙にさまざまな要素を美しく配置することは意外と難しい．このような場合には，画面上で基準となるガイドラインを使うと効果的である．ガイドラインは実際の画面には描かないもので，代表的なものに図4・85に示したような黄金分割，ルート長方形を利用したものがある．このガイドラインを基準に，文章や模型写真などをレイアウトする．

### 4) 余白
図4・86でわかるように，すっきりとした上品な印象や軽快な感じを与えるには余白量を多くとり，楽しく，活動的な印象を与えるには余白量を少なくするとよい．
余白は単に広さだけの問題ではない．余白自体の大きさや形が美しくなるように心がけることで，美しい画面をつくることができる．

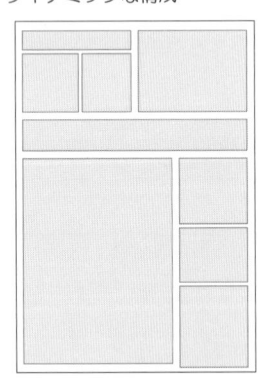

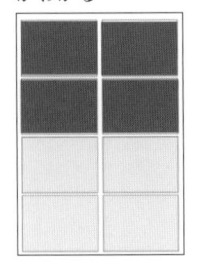

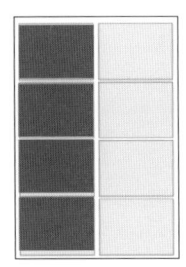

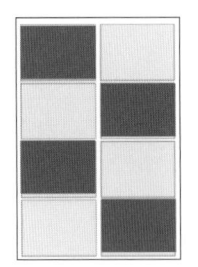

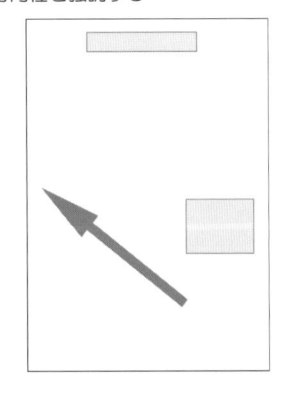

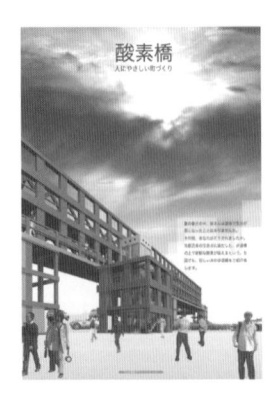

図4・84 構成と印象

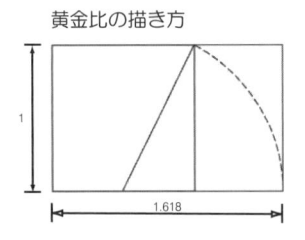

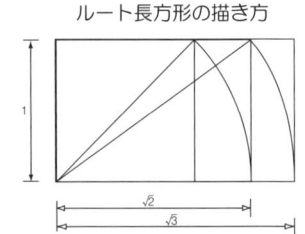

用紙を黄金比やルート長方形に分割する線やその延長線，対角線で結んでみると，配置のガイドラインが見えてくる

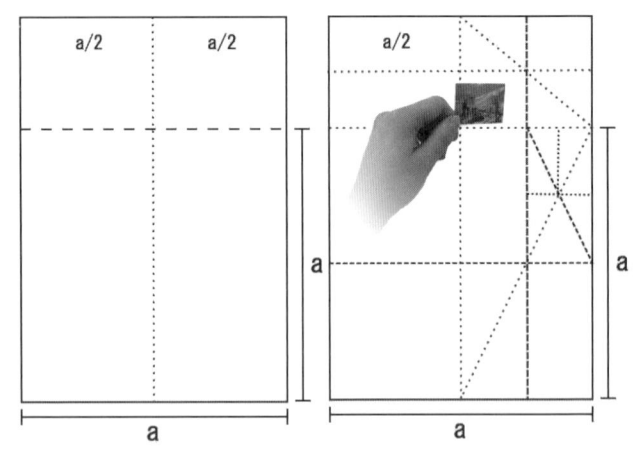

図4・85 ガイドラインの利用

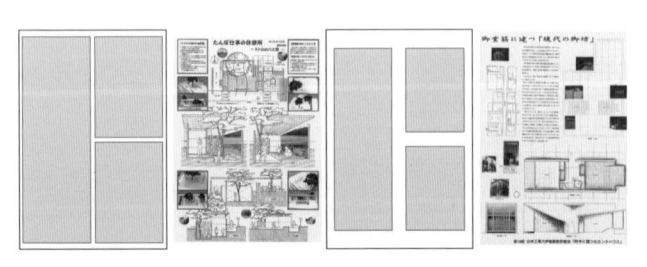

図4・86 余白から受ける印象

## (2) 色の活用

### 1) 色の心理効果

人は，具体的な情報がわからない段階でも，色から受ける印象によって，内容をある程度把握することができる．これを色の持つ心理効果という．

プレゼンテーションにおいても，コンセプトを伝達するときに，このような色の効果を生かすことで，より印象の強いものにすることができる．そのためには色の性質を理解することが大切である．日本色彩研究所では，色のイメージを表4·1のように示している．また，実際にプレゼンテーションに使う場合には，表4·2のような配色が考えられる．

### 2) 明度差

明度は重量感のバランスや強弱のバランスといった，図版の配置のリズムを考える上で重要な役割を果たす．

図4·87でわかるように，色相に差があるよりも明度に差があるほうが読みやすい．また，強調したい部分の明度の差を大きくすると効果的である．明度差は「わかりやすい」「見やすい」「読みやすい」という大切な役割を担うのである．

同じような大きさの構成要素がいくつかあり，中でもそのどれかに注目をさせたい時に，明度差をつけることで視線を誘導することができる．たとえば，図4·88のような付近見取図では周辺環境と明度の差をつけることで，建築物を際立たせることができる．

表4·1　色の持つイメージ（日本色彩研究所）

| | |
|---|---|
| 赤 | 太陽　血　火事　情熱　勝利　愛情　反抗　危険　爆発　活動的　生命　勇気　喜び |
| 黄 | 光　月　稲　可愛らしい　弱々しい　金　快活　若さ　軽い　危険　はなやか |
| 緑 | 草　山奥　深い池　芝生　若葉　牧場　さわやか　平和　安息　安全　健康　自然 |
| 青 | 空　水中　海　秋の空　高原　夏　朝　湖　静寂　眠り　安息　広大さ　涼しさ　平和 |
| 紫 | 宝石　朝顔　女性　優雅　上品　永遠　神秘　高級　大人っぽい　神聖　崇高 |
| 白 | 雲　病院　紙　清潔さ　軽い　純潔　明るい　新しい　理知的　威厳 |
| 黒 | 闇夜　重々しさ　沈黙　暗さ　さみしさ　自信　男性的　厳粛　力 |

表4·2　イメージを表現するための色の選択例

| | |
|---|---|
| Q | 洗練された都会的なイメージ，情報，コンクリートやガラスをキーワードにした建築のイメージを表現したい |
| A | 白や灰色，黒などの無彩色や低彩度の色，色相では寒色系の配色 |
| Q | 元気な子供たち，活動的，明るく元気のいいというイメージを表現したい |
| A | 太陽の色，生命の色を象徴する黄色，オレンジ系の配色 |
| Q | 自然を感じさせるエコロジカルなイメージを表現したい |
| A | 大地や植物の色を連想させる彩度の低い赤，黄，オレンジ系の色や中彩度の緑色との配色 |
| Q | 晴れわたる空，夏の海辺，清流や湖等，水にかかわる爽やかで清涼感のあるイメージを表現したい |
| A | 水を象徴する青系，特に緑がかった青で，高めの明度でまとめた配色 |
| Q | ダイナミックでインパクトのあるイメージを表現したい |
| A | 彩度の高い色と白の配色 |

図4·87　タイトルと明度差の関係

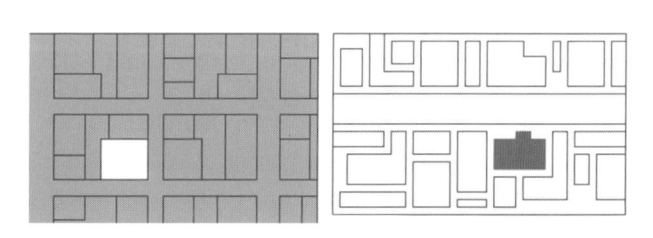

図4·88　図形と明度差の関係

## (3) 構成のバリエーション

　各構成要素は，図4・89のように，それぞれの種類や大きさや形ごとにまとめ，ガイドラインにあわせて配置する．ある程度の大きさのパターンをつくると作業が容易である．あまりにも大小がありすぎると，画面が見づらくなってしまう．また図4・90のようなシンメトリー（左右対称），アンシンメトリー（非対称）などの基本的な構成も最初に考える必要がある．

　図版や文字が等間隔に同じサイズで配置されたものは単調なリズムになる．落ち着いて見えるが，解説書をみているようで，内容やテーマによってはつまらなく見えてしまう．そのような時には図4・91のように，ポイントとなる画面をあえて崩してみる．崩すポイントは方向性や大きさ，色相や明度などポイントはいくつか挙げることができる．崩した部分は，視線を注目させると同時に，視線の入り口をつくるということに繋がる．

　たとえば図4・92でわかるように文章が横組みの場合，視線は左上から右下に流れるので，タイトルは左上に置くのが自然と言える．しかし，あえて変化をつけてタイトルの位置を変えることもある．その場合，タイトルは，より強調されて見えることになる．

　卒業設計の場合は複数枚にわたる図面を求められることがある．図面や写真などの各構成要素の連続的なつながりを考慮して配置することで，いかに視覚的なリズムを作ることができるかが，ポイントとなる．統一感をもたらす要因としてはレイアウトや色調の統一などがある．その変化が大きいほど，ダイナミックな印象のレイアウトになるが，バランスが崩れないよう注意が必要である．

　また，図4・93にみられるように，構成要素の図面や写真に，さまざまなデザイン的な加工をすることで，趣の違った作品づくりができる．しかし，過度な加工はまとまりがなく見えるので，十分注意が必要である．

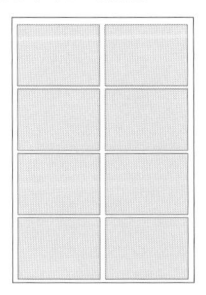

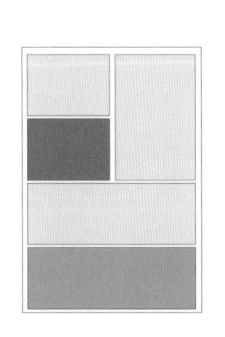

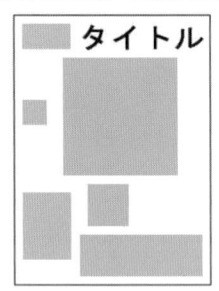

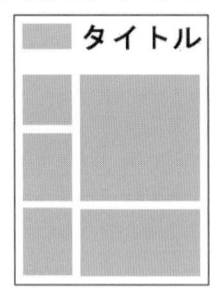

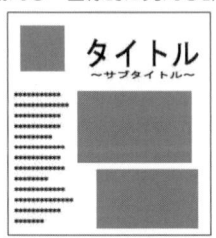

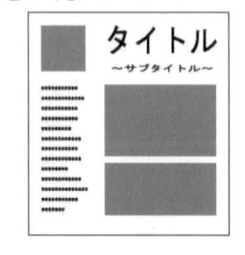

図4・89　構成の方法

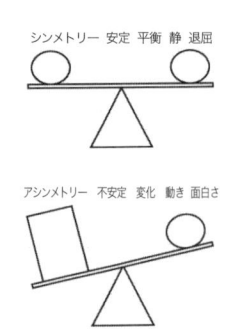

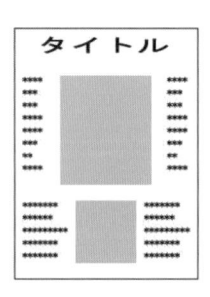

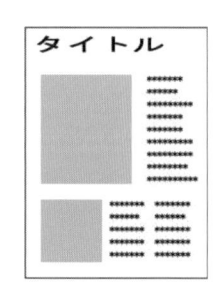

図4・90　シンメトリーとアンシンメトリー

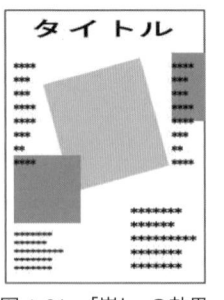

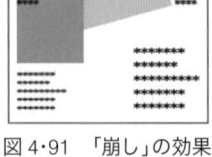

図4・91　「崩し」の効果 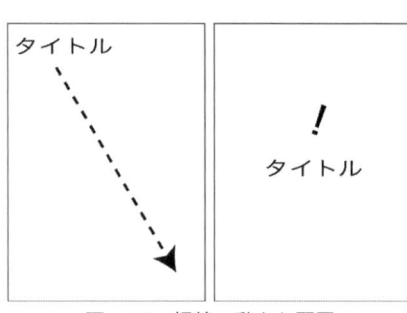　　図4・92　視線の動きと配置

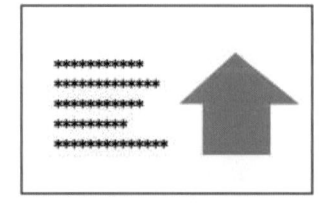

図4・93　図面・写真の加工

## 〔4〕レイアウトの手順

### 1) 構成要素の選択

一生懸命表現しようと，あれやこれやと欲張って描き込むと画面に破綻をきたす．たとえば，せっかく沢山のアングルから模型写真を撮影しても，全部を使うことは不可能である．せっかく下書きした図面でも，不要なものは切り捨てる決断が，ここでは必要である（図4・94(a)）．また用紙の縦横が指定されていない場合には，どちらがコンセプト，図面の雰囲気に相応しいか検討する．

### 2) 配色，配置，書体

最初に，下描きした図面をコピーして輪郭を切り抜き，提出用紙の大きさと同じ紙に並べてみる．この時にガイドラインを利用するとよい．設計コンセプトに最も適した基調色（テーマカラー）を決め，背景となる用紙の色，タイトルの書体，図面の線の色を決定する．

### 3) レイアウトの確認

おおよそのレイアウトが決まれば，最後に全体の秩序が保たれているかどうかを確認するために，必ず全体を俯瞰してみる（図4・94(b)）．卒業設計のように複数枚のプレゼンシートを制作する際には，統一感が保たれているかどうかを確認するために，全体を並べて検討する必要がある．

あらためて見直すことによって，新しい発見や不足しているものが見えてくるかもしれない．ここでは，自分自身が審査員になったつもりで，客観的に自分の作品をチェックしてみる．

これまでの作業はコンピュータ上ですべて行うことも可能である．

### 4) 完成図面の作成

レイアウトが決ったら，下書きを基に各要求図面を慎重に描く（図4・94(c)）．その際には用紙の選択にまで気を配る必要がある．ケント紙が一般的であるが，コンセプトによっては色がついたものや，木目や金属質などの，特殊な用紙を用いることもある．

◆a　**手描きによる仕上げ**　要求図面を，鉛筆や製図用万年筆等で手描きする場合，設計主旨等の文章や透視図面などを直接，提出する用紙に描く場合もあるが，文章はワープロで作成し，透視図は別の水彩紙に描き，それらを提出用図面に貼る場合もある．透視図に代えて模型写真を貼る場合も多い．このとき，水平垂直がきちんと保てるように注意して作業を進める．

◆b　**コピー（カラー）による仕上げ**　コンピュータで作成した完成図面のデータをA1サイズの用紙に出力できない環境にある場合には，各要求図面をそれぞれ出力し，それをあらかじめ考えたレイアウトにもとづいてA1サイズの用紙に貼っていく．

加えて透視図や模型写真，その他，設計のコンセプトを表わすのに必要な解説図や写真等を貼り合わせ，それらを一括してコピー（カラー）にかけて一枚のフラットな図面に仕上げることができる．スプレーのりで貼った部分が，郵送中にはがれてしまう心配もなく，微妙な紙質の違いを均一化し，一体感のある美しい仕上がりが期待できる．

(a)優先順位は？　バランスは？ 　　(b)遠くから眺めてみる 　　(c)美しく仕上げる

図4・94　レイアウトの手順

## 〔5〕コンピュータを使った仕上げ

コンピュータでの製図はCADソフトを使用する．代表的なものにJw-cadやVectorWorksなどがある．

VectorWorksは，二次元，三次元などの多くの機能を搭載した高機能汎用CADソフトである．二次元の設計に必要なツール，コマンドは十分整備されているので，基本設計から実施設計・詳細図面まであらゆる図面を描くことが可能である．また平面図，立面図，断面図，透視図を同時に比較検討しながら描き進めることもできる．データを作成するまでは大変な作業だが，図4・95に示すように，データ入力後は任意の位置における断面図や，さまざまなアングルの透視図を作成することができる．

レンダリングソフトを併用すれば，図4・96に示すように，金属や木材，石などのさまざまな素材感を表現することが可能となり，さらに光源の設定をすることで，あたかもその建築物が実在するかのような，リアリティのある表現が可能となる．

図4・97は，上記のような作業で作成した図面のデータを，モニタ画面上で他の図面や文章などの要素と合わせて構成した例である．このようにコンピュータを利用すると，雑誌の紙面を編集するような感覚で，図面や模型写真，テキストやロゴなどを自由にレイアウトすることが可能になるのである．作業途中でも，大きさや位置，色の変更が自由にできる．また，模型写真やイメージ画像の上に文字や図面を重ねて表現できるのは，コンピュータならではの技法である．

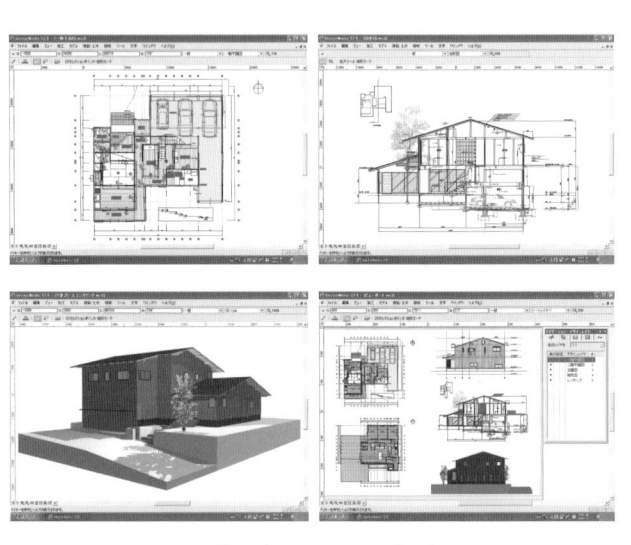

図4・95　CADの画面（Vector Works使用）（提供：小野建設）

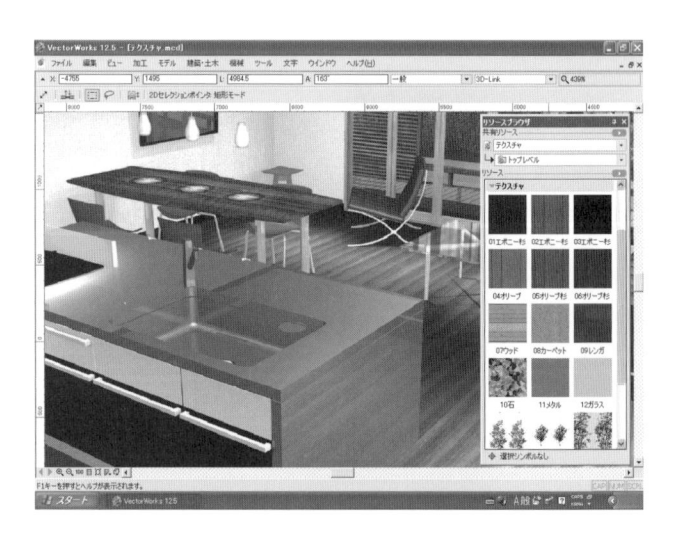

図4・96　レンダリングソフトによる質感の表現（Render Works使用）（提供：エーアンドエー）

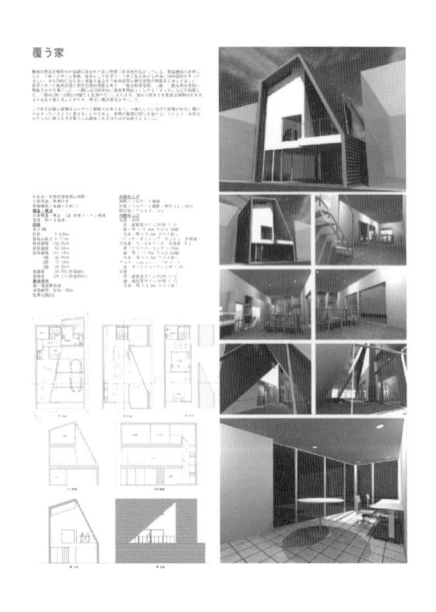

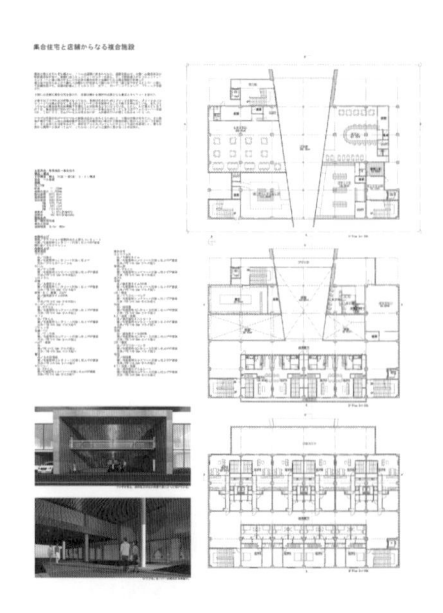

図4・97　コンピュータ画面上でレイアウトした画面（提供：神戸電子専門学校建築インテリアデザイン科）

第5章

実例

# 5・1 アイデアコンペ

(1) カイニョに守られて馬と共に散居村に暮らす

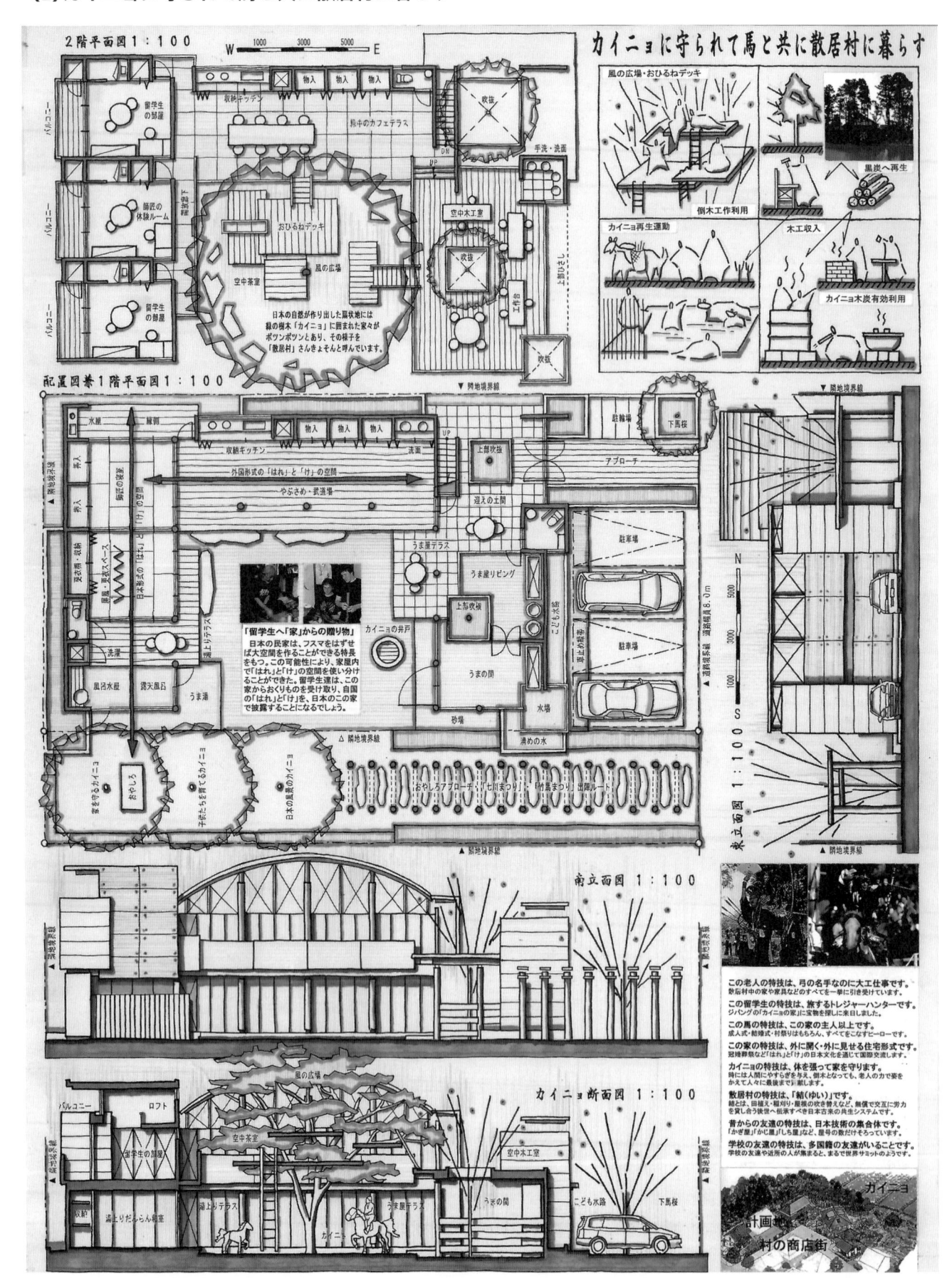

第3回道都大学美術学部　高校生住宅設計コンクール 2006　優秀作品

| 課題名 | 留学生とペットと暮らす老人の家 |

### 設計条件

ここは，ある地方都市に昔からある商店街で，敷地の隣には，小さな社があります．おじいさん（またはおばあさん）は一人きりで，大切なペットと暮らしていますが，家を建て替えるにあたって，留学生（高校生2名）をホームスティさせることにしました．

おじいさん（またはおばあさん）は，皆に自慢できる名人芸（例：豆腐づくり，漬け物，落語，茶道，ダンスなど）を持っています．

建物は1棟でも，複数の棟に分散されても良く，構造・規模・階数は自由とします．もちろん，建物は洋風・和風を問いません．

（第3回道都大学美術学部　高校生住宅設計コンクール2006　募集内容より抜粋）

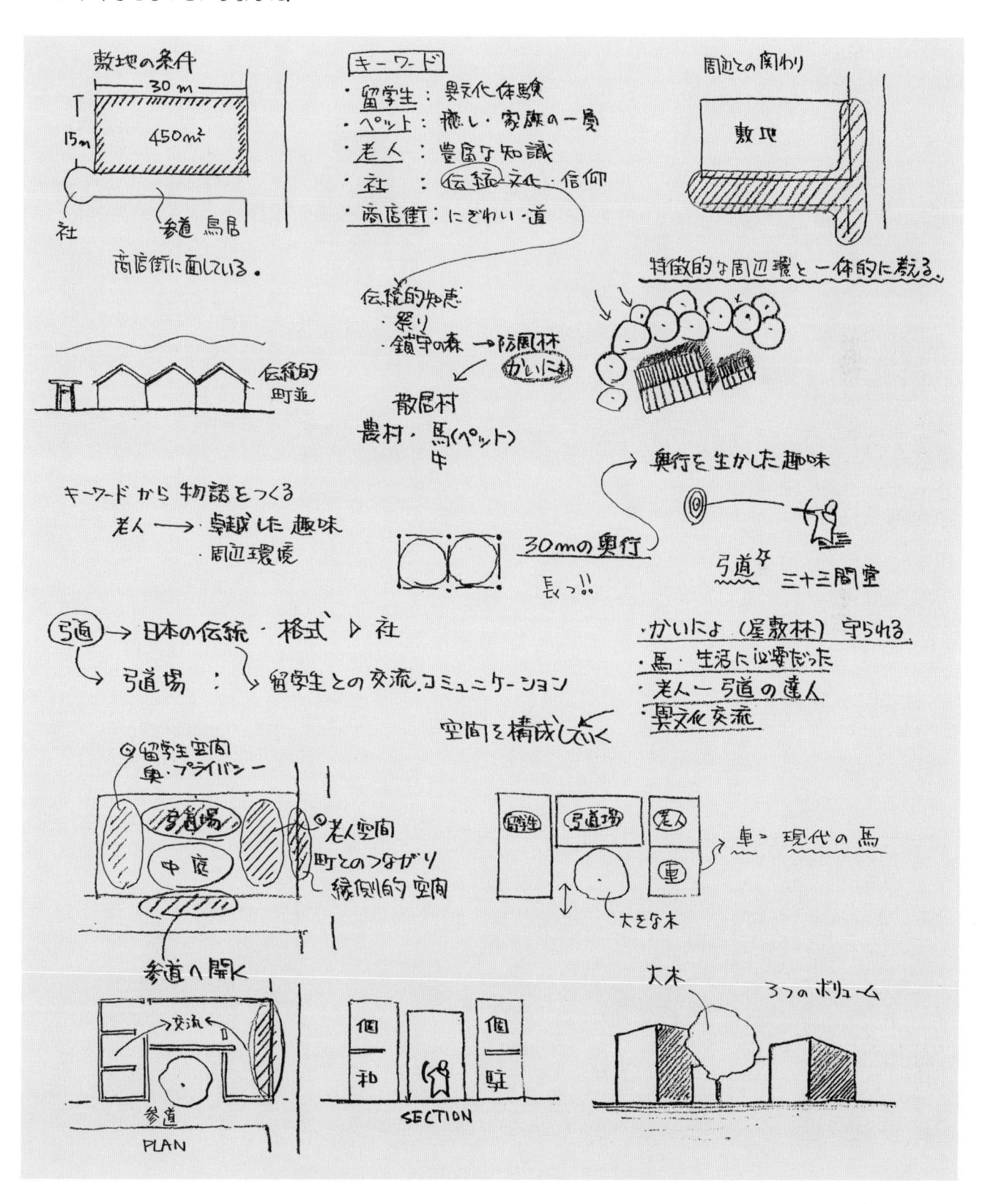

(2) 風打ち水ハウス

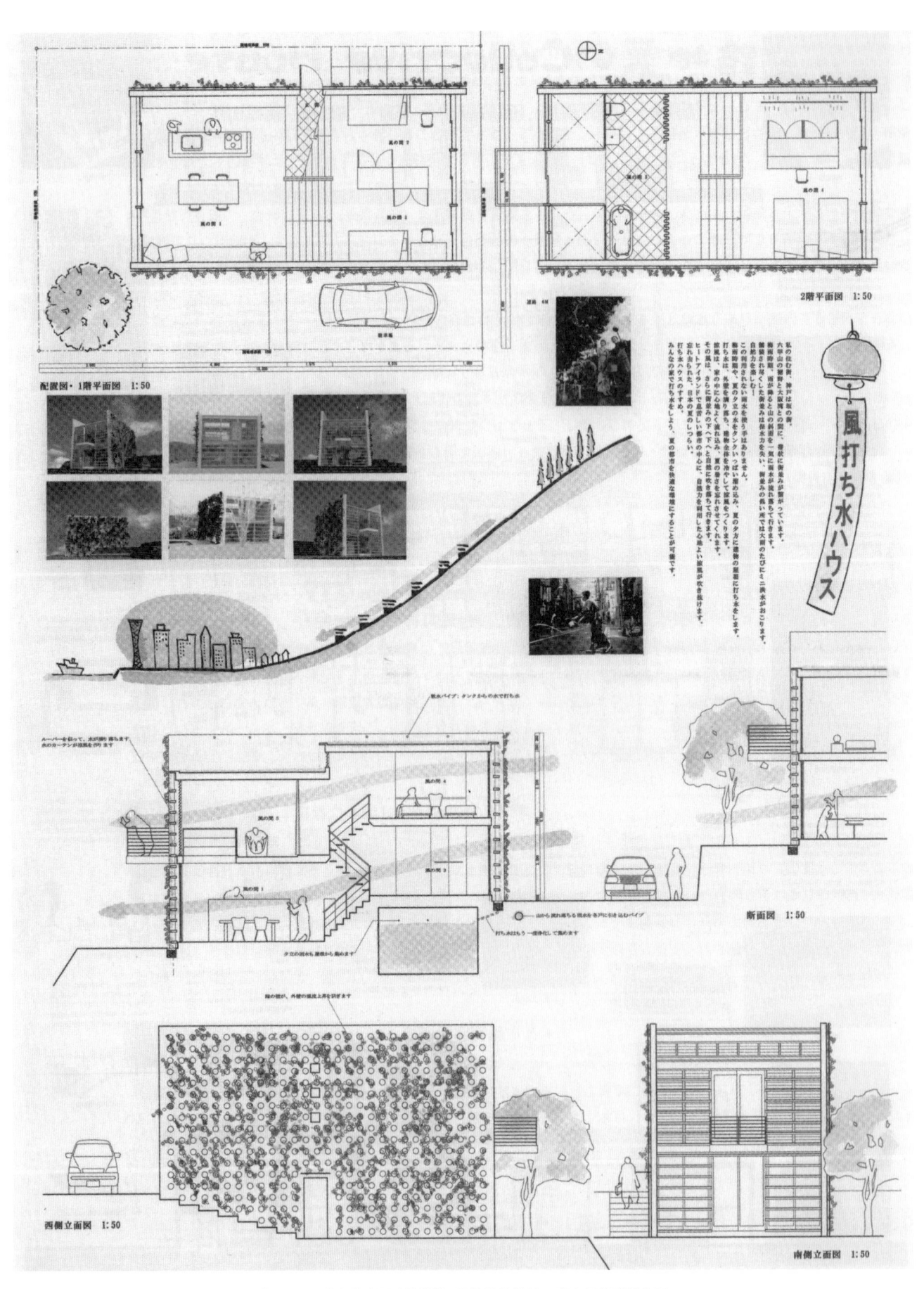

第54回日本大学全国高等学校・建築設計競技　審査員特別賞作品

| 課題名 | 自然力を楽しむ街中の住まい |

### 設計趣旨

「自然力」を楽しむといっても，あまりピンと来ません．そこで，例を挙げます．

わかりやすく楽しい例は，風車です．自然の風－自然力－を使ったおもちゃですが，風でくるくるまわり目を楽しませます．風鈴もそうです．風でゆれながら，涼やかな音色を奏でます．いずれも独特のデザインを持っています．日時計も好例です．その他まだまだあります．

…中略…

今回の課題は，そのような伝統的なコンセプトを見直して，新しい形で自然力を楽しむ住まいを想像して欲しいと思います．

自然力には，太陽の光，その熱，風，空気などの自然現象，さらに自然の植物や動物などの生物の力などがあります．そこで，自然現象を生かすような住まいのデザインを工夫することから発想しても良いと思います．また，エネルギーを大切にする省エネルギーや緑を愛する環境共生のライフスタイルから考えてもいいでしょう．自然力は，自然の恵みと言い換えても良いと思います．

(第54回日本大学全国高等学校・建築設計競技 課題趣旨より抜粋)

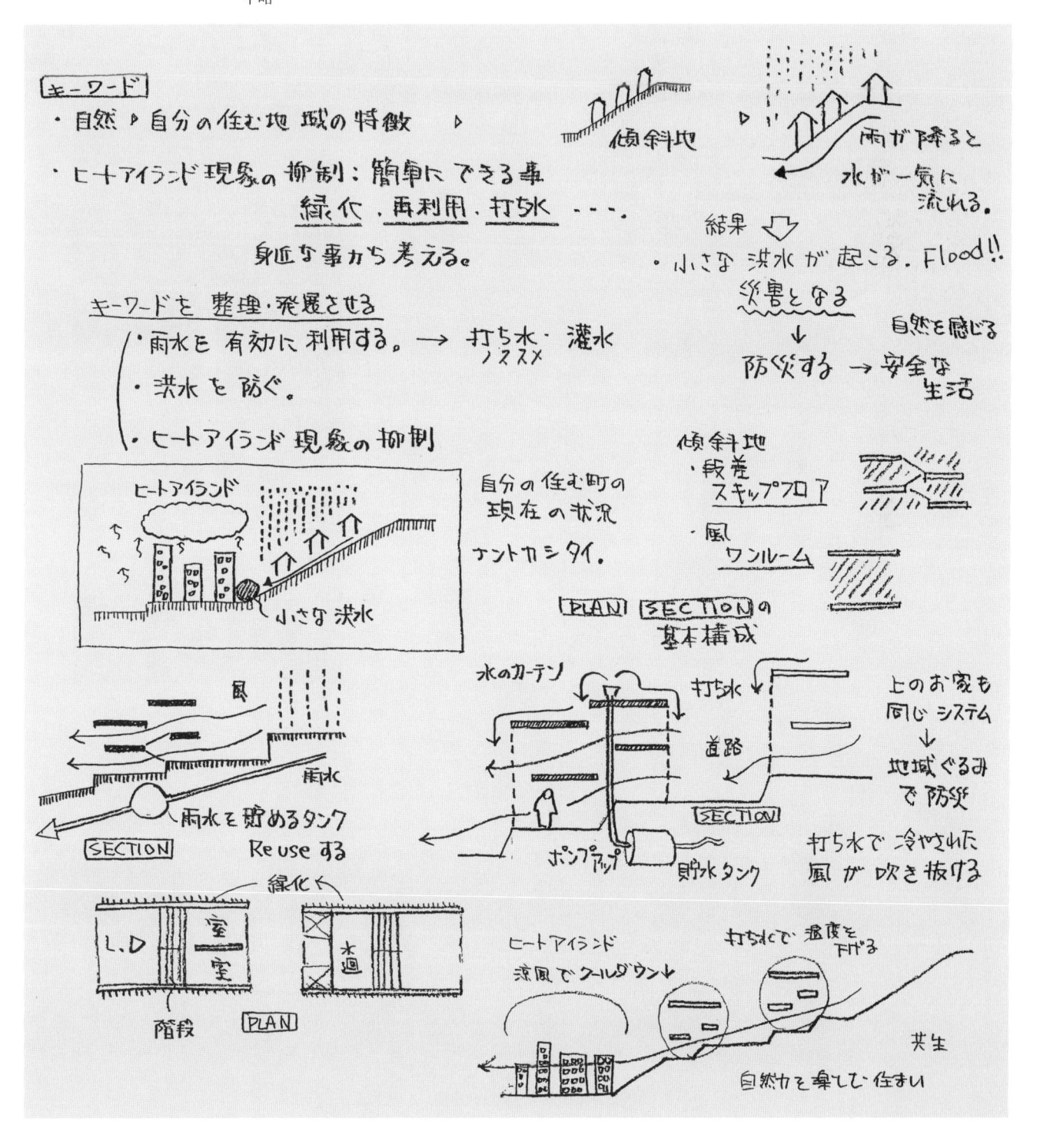

## 〔3〕さえぎるものがない住まい　風景を思いっきり楽しみたい！！

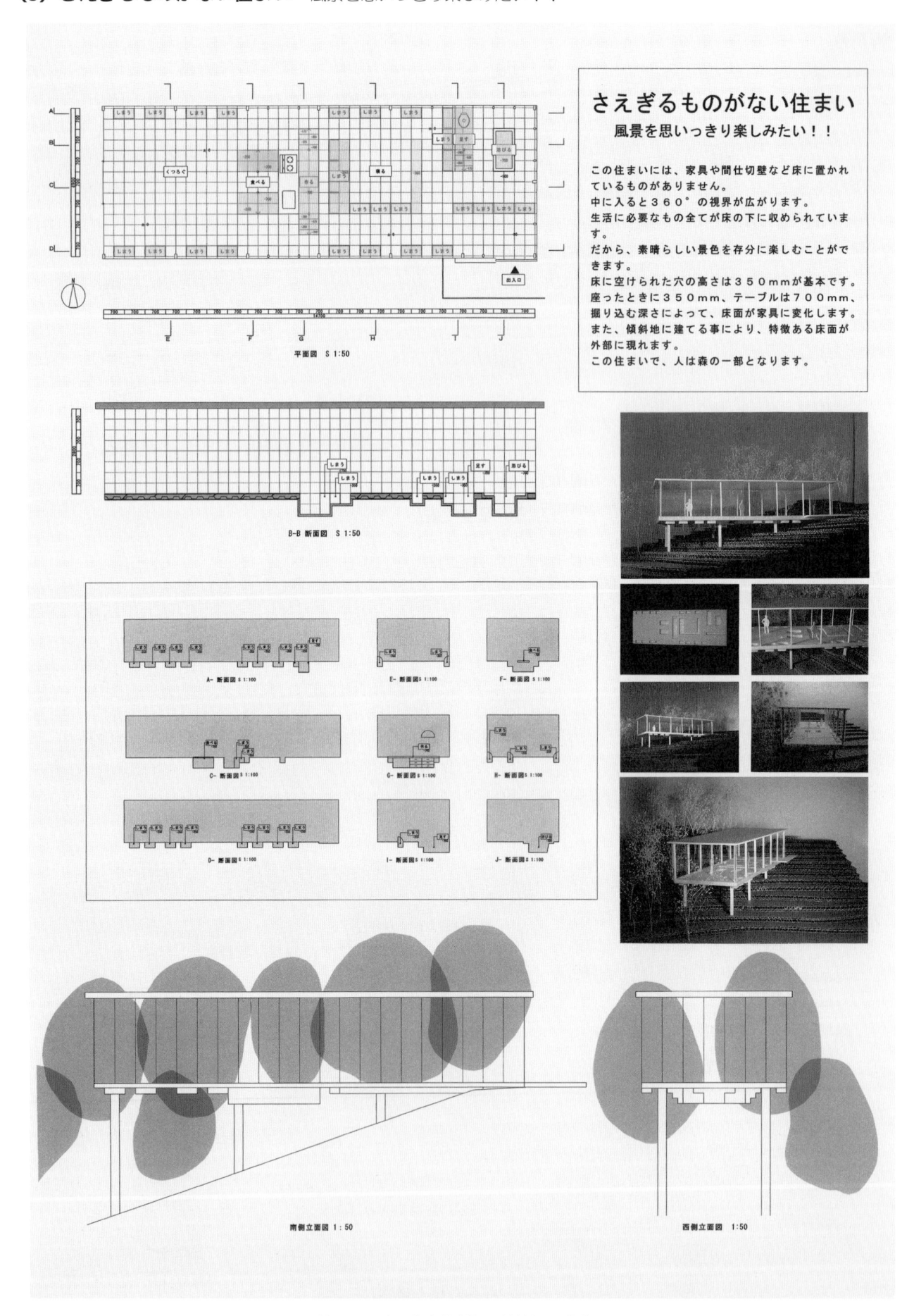

### さえぎるものがない住まい
#### 風景を思いっきり楽しみたい！！

この住まいには、家具や間仕切壁など床に置かれているものがありません。
中に入ると３６０°の視界が広がります。
生活に必要なもの全てが床の下に収められています。
だから、素晴らしい景色を存分に楽しむことができます。
床に空けられた穴の高さは３５０mmが基本です。
座ったときに３５０mm、テーブルは７００mm、掘り込む深さによって、床面が家具に変化します。
また、傾斜地に建てる事により、特徴ある床面が外部に現れます。
この住まいで、人は森の一部となります。

第19回日本工業大学建築設計競技　1等作品

| 課題名 | ○○のない家 |
|---|---|

**課題**

家というと，1戸建の住宅やマンション，間取りはnLDKというイメージがまず浮かぶのではないでしょうか．

それは商品として家を売買する時の通念（ものの決まった枠組みと見方）です．

実際は，家のかたちはさまざまです．

どういう人たちが，どこで，どんな生活をしながら住むのかを考えだすと，家は実に多様に，そして個別にとらえられるはずです．

「○○のない家」は，個別であることをつき詰めて考えたとき，通念の束縛から離れ，よりよく使えてもっと豊かな空間を設計してもらうための，セミオーダーのキーワードです．

「○○」の部分は各自提案してください．

　固定観念に縛られず，「何かがないことが，むしろ魅力的な家を生み出す」という問題提起として，ポジティブに捉えてください．

（第19回日本工業大学建築設計競技　課題内容より抜粋）

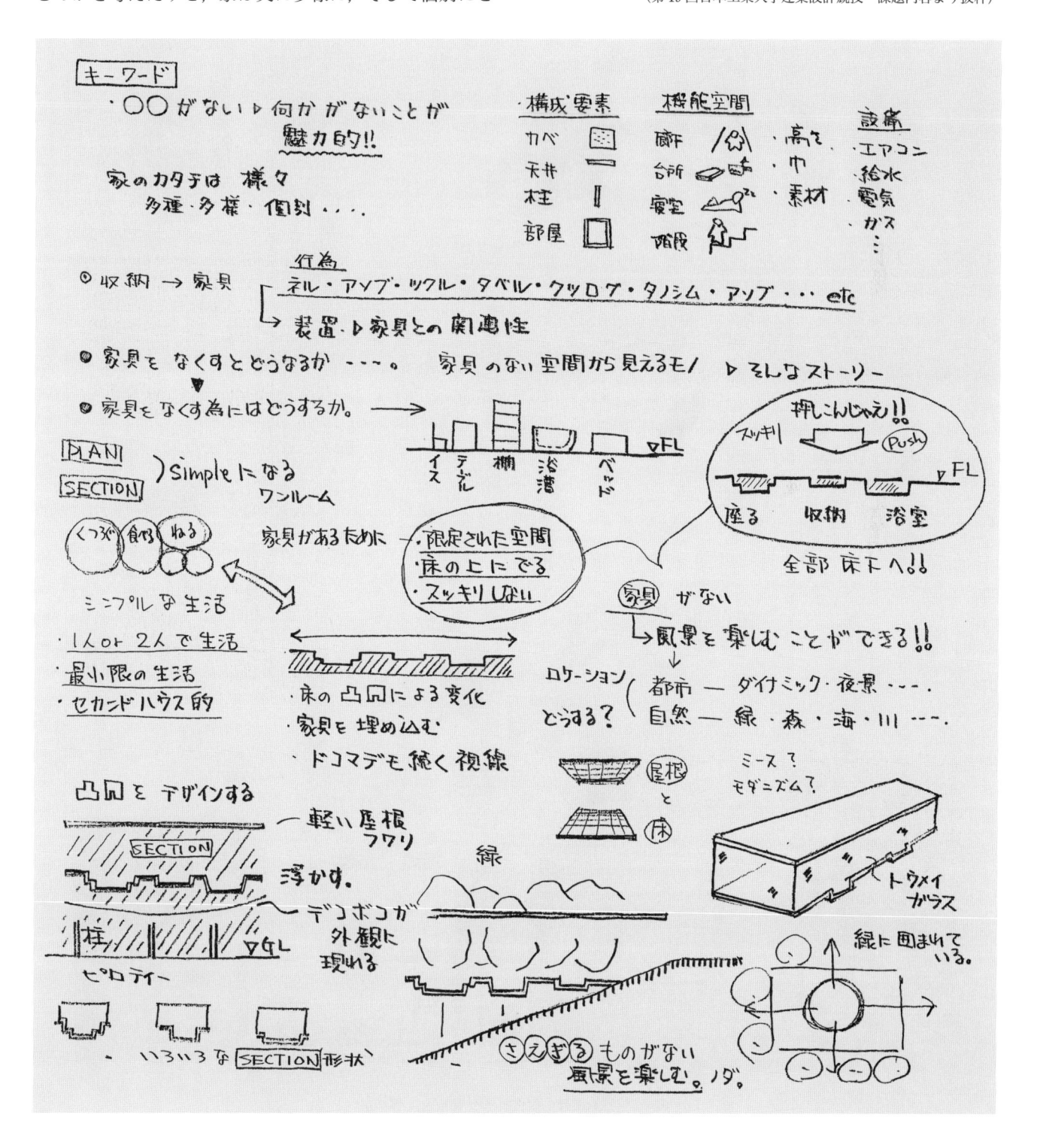

（4）Minimum CUBE32

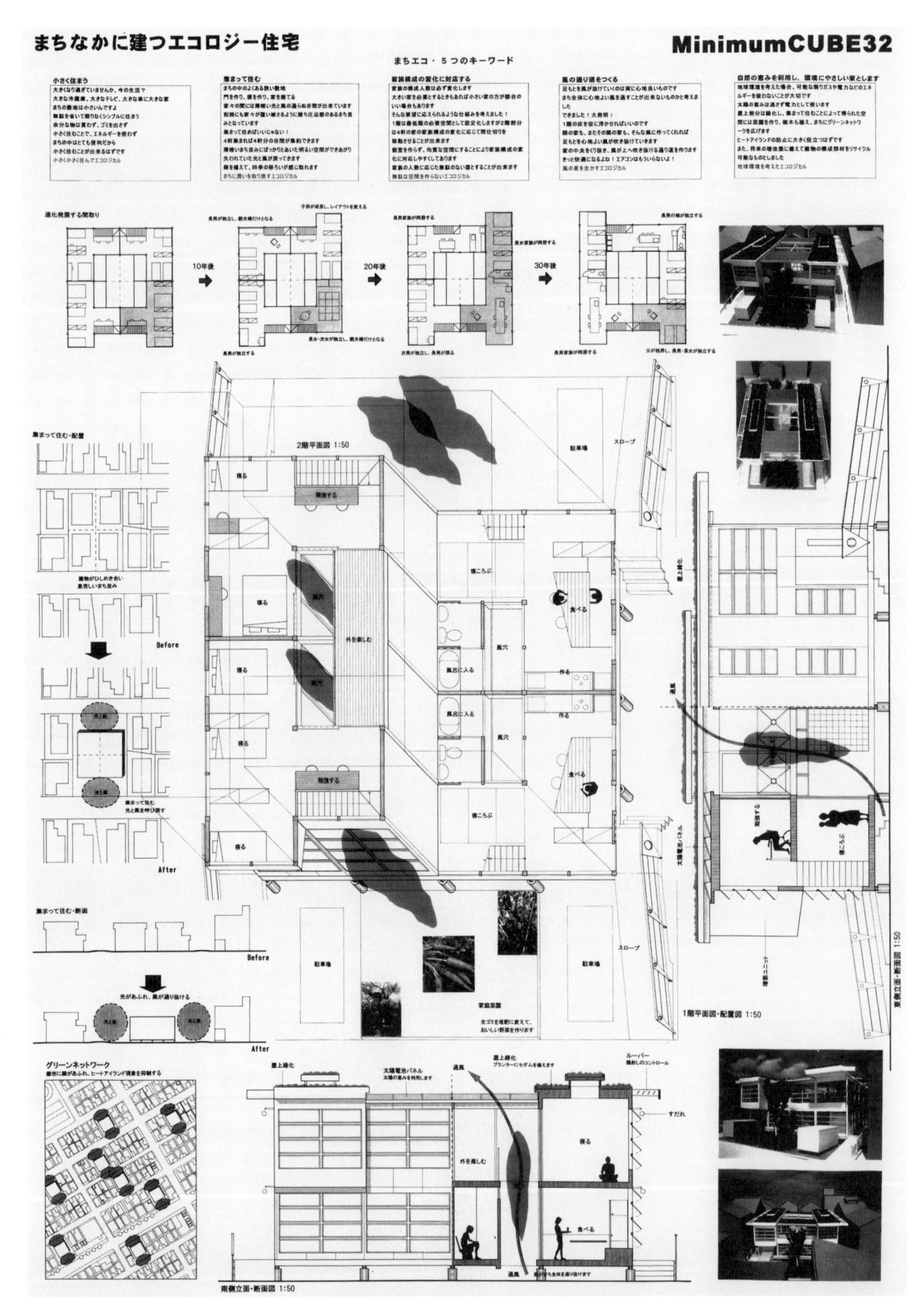

第16回日本工業大学建築設計競技　1等作品

| 課題名 | まちなかに建つエコロジー住宅 |

## 課題

「エコロジー」という言葉を耳にしたことはあるでしょう．エコロジーって何だろう？　自然に優しい？　環境に対するダメージが小さい？　機械の力に頼り過ぎない？

建築において「エコロジカルであること」とは，そこでの住み方や暮らし方に影響する環境的な要因を考え，できるだけ機械設備に頼らずに建物を設計すること，といえるでしょう．

…中略…

風の抜け方や光の当たり方，あるいは熱のため方といった小さな工夫を積み重ねることで，エコロジカルでありながらまちなかで快適に生活していくことはできないでしょうか？

エコロジーという視点から設計を始めることで，これまで想像もできなかった空間や，建築の新たな可能性が見えてくるかもしれません．技術的な大発見を求めているわけではありません．堅苦しく考えすぎず，また過去の入選作品の作風にとらわれずに，現在のみなさんの実感を伝えてください．

(第16回日本工業大学建築設計競技　課題内容より抜粋)

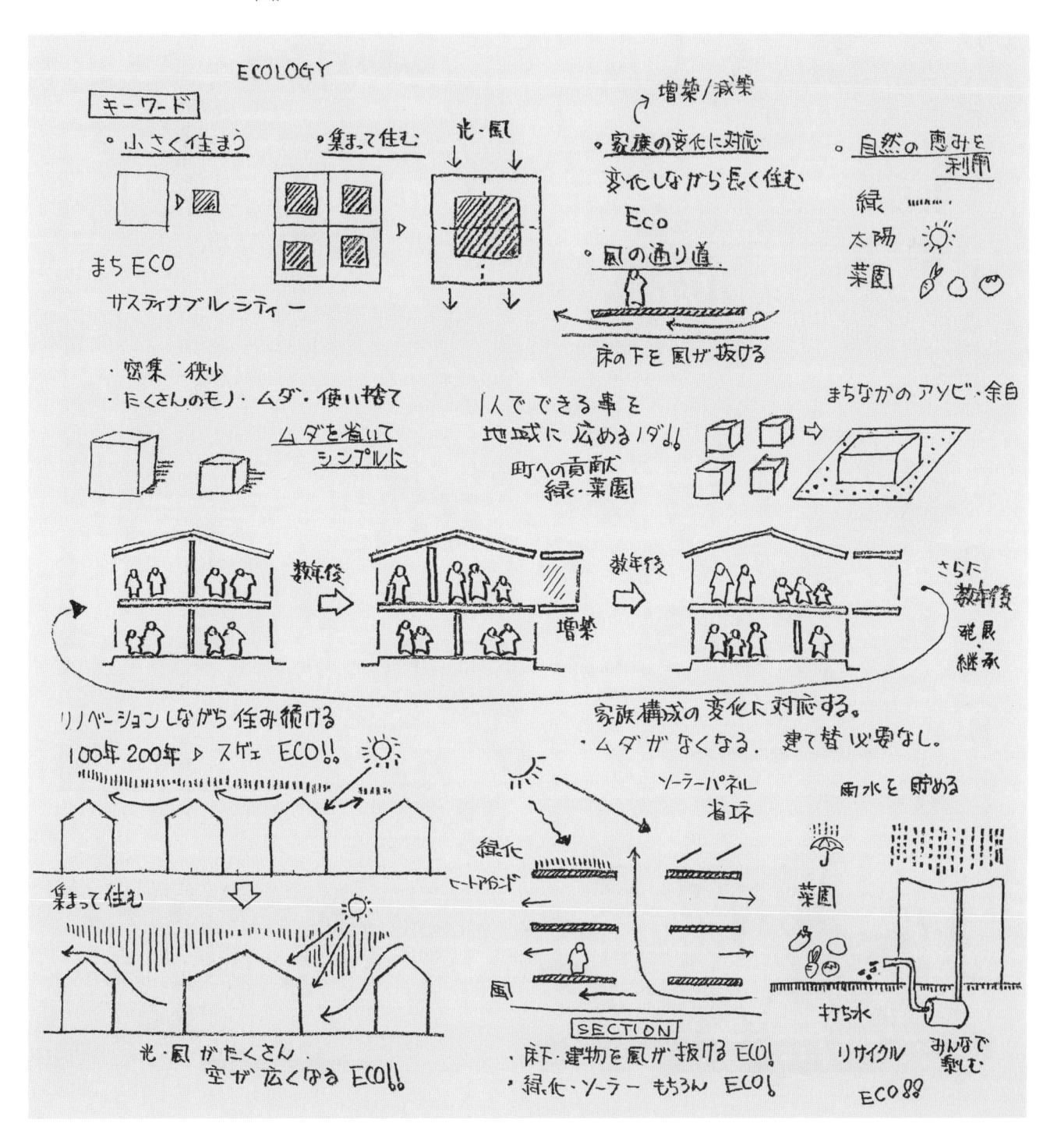

(5) 佐用川に並ぶ土蔵屋敷の再生

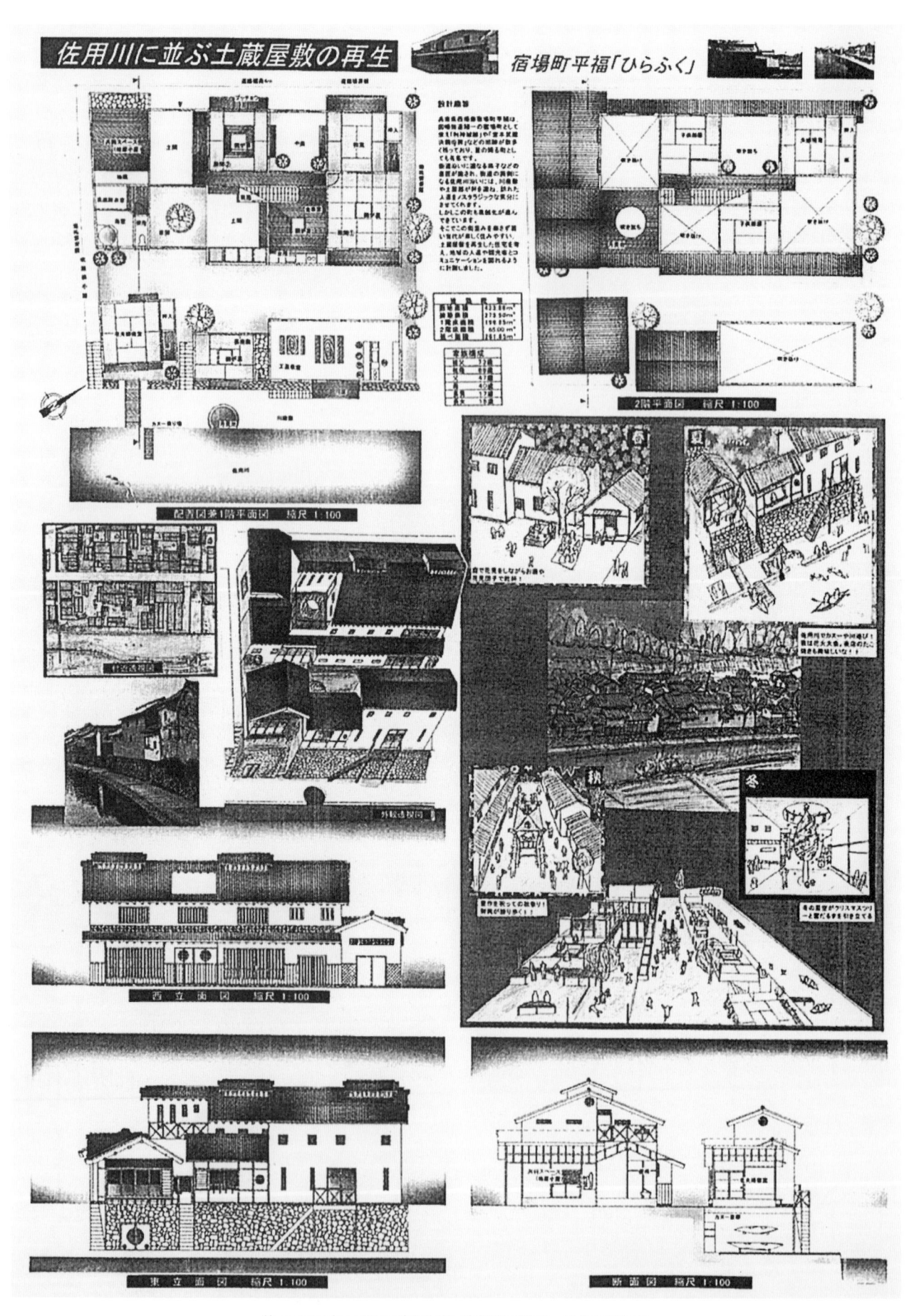

第52回日本大学全国高等学校・建築設計競技　最優秀賞作品

| 課題名 | 古きをたずね、新しい住まいをつくろう |

#### 課題趣旨

- 囲炉裏を残して、土間を洋間として整備したら、たまたま訪れた外国人にとてもほめられた．
- 祖父がヨーロッパから買ってきた古い椅子にとても愛着があったので、そのイメージを活かして新しい部屋をつくったら、近所の人たちがちょくちょく顔をみせるようになった．
- 店先と通りとを仕切る古いガラス戸を修理しながら大切に使ってきたのだが、いまでは商店街の名物になってしまった．

…中略…

どの街にも同じような建物が立ち並び、逆にその土地に根ざし、受け継がれてきたたたずまいや匂いのようなものが次第に消えていっています．風雪に耐え、長い時間をかけて独特の存在感を持つようになったものたちを、次の時代にうまく引き渡していくことは、誰にとっても大切な仕事のひとつです．そのためのアイデアは、上にみたように、建物だけでなく、家具から街の風景まで、身の回りの多くのものの中に潜んでいます．身近にあるこうした古いものたちを探し出し、再生させ、新しい住まいや町づくりにつなげていってほしいと思います．若々しい発想で、オリジナルな提案をしてください．

(第52回日本大学全国高等学校・建築設計競技　課題趣旨より抜粋)

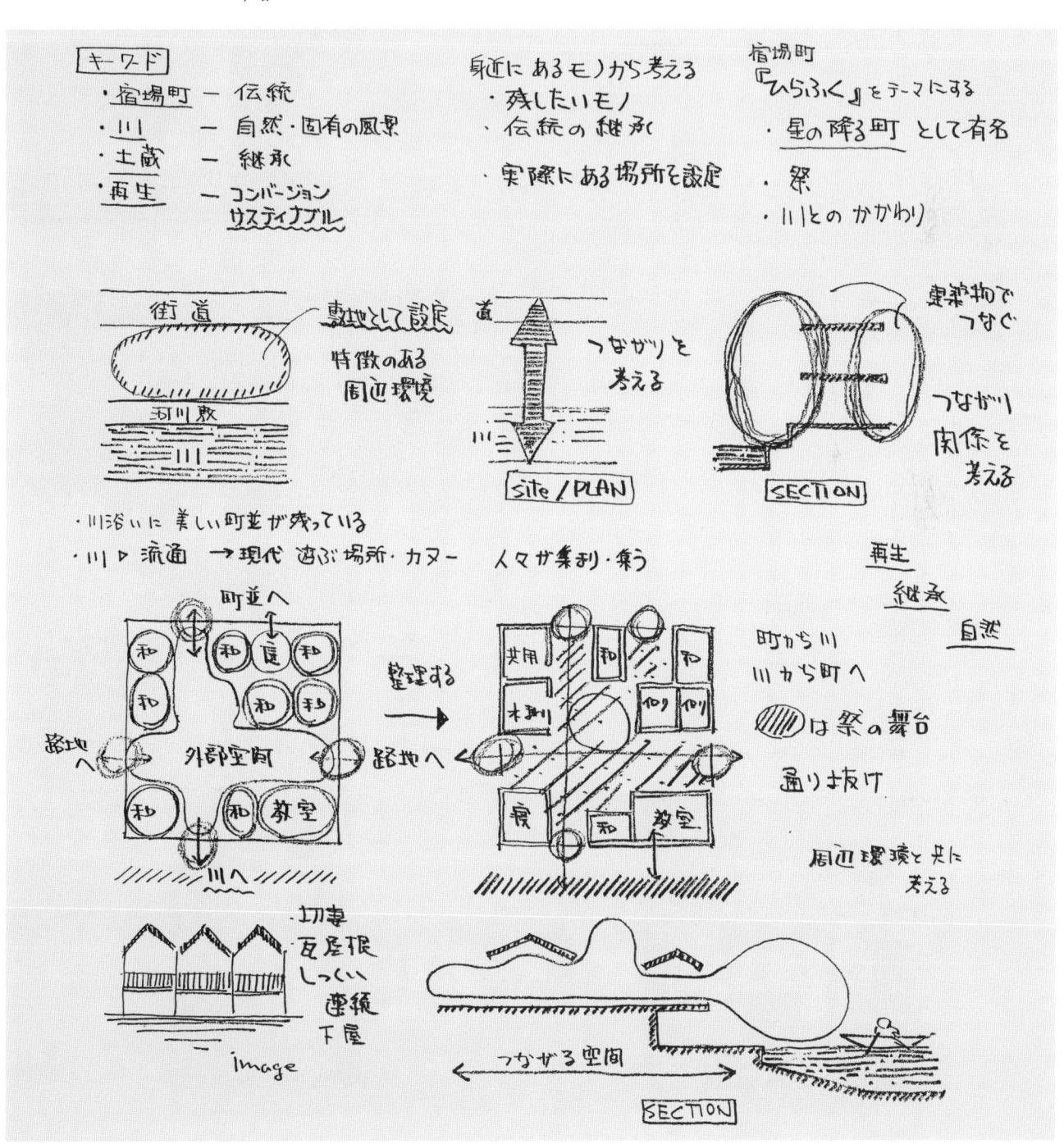

〔6〕まごの店 〜高校生が運営する調理実習施設〜

「まごの店」は，三重県立相可高等学校食物調理科生徒たちが運営する調理実習施設として，三重県多気町五桂の多気町五桂池ふるさと村に，平成14年にオープンしたレストランである．

オープン当初は，約16m²の建築物で手狭であったため，生徒たちの創作料理も作れるようなレストランにしようと新築されることになった．

設計においては，「料理人を目指す高校生の夢を，建築家を目指す高校生が形にする」をコンセプトに，県内の工業高校生を対象に建築設計競技を実施した．

審査の結果，最優秀の生徒作品をベースに鉄骨平屋建てで，厨房や研修室の他にギャラリーを持つ素晴らしい建物ができあがり地域の話題を呼んでいる．

(建築設計競技主催　三重県多気町)

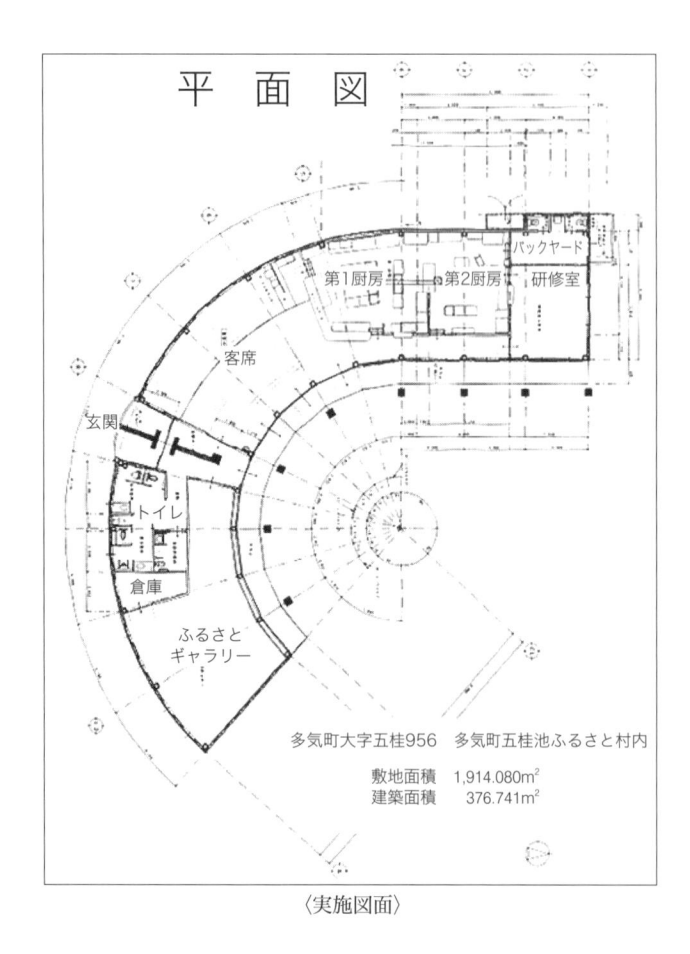

〈実施図面〉

〈外構〉　〈店内〉

〈厨房〉

〈外観写真〉

相可高校食物調理科研修施設「まごの店」設計コンペ

new は新しく求められている屋内レストラン。now は今まで通りのだし巻き卵を作る屋外広場。この2つの研修施設を提案します。

# new & now

A 研修室ゾーン　B 展示室ゾーン　C 化粧室ゾーン　D ウッドデッキゾーン

〈三重県立四日市工業高等学校　生徒案〉

## (7) 酸素橋　～人にやさしい町づくり～

このコンペは，京都市下京区の五条堀川交差点に架かる横断歩道橋のデザイン設計である．木を主材料とした歩道橋であり，人，自転車，車椅子が通行できるなどの条件がある．

五条堀川交差点は，一辺が約 70m もある京都最大の歩道橋で，京都のランドマークとなるように，その計画案を募集した設計コンペである．景観に配慮した周囲との調和的なものにするか，シンボル的なものにするかもテーマに掲げられている．

$$\left(\begin{array}{l}\text{主催　特定非営利活動法人　京都建築デザイン協議会}\\\text{木の歩道橋デザインコンペ実行委員}\\\text{三重県立四日市工業高等学校　建築科チーム作品}\end{array}\right)$$

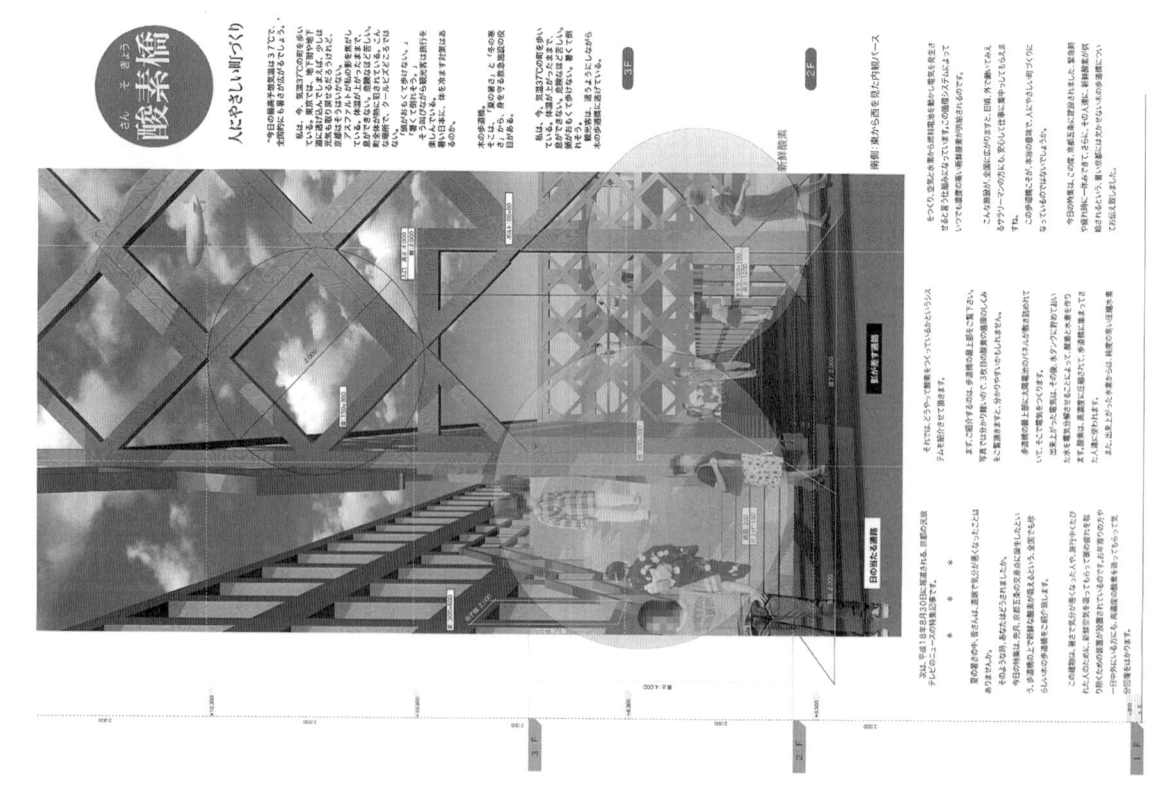

第 5 章 実例　87

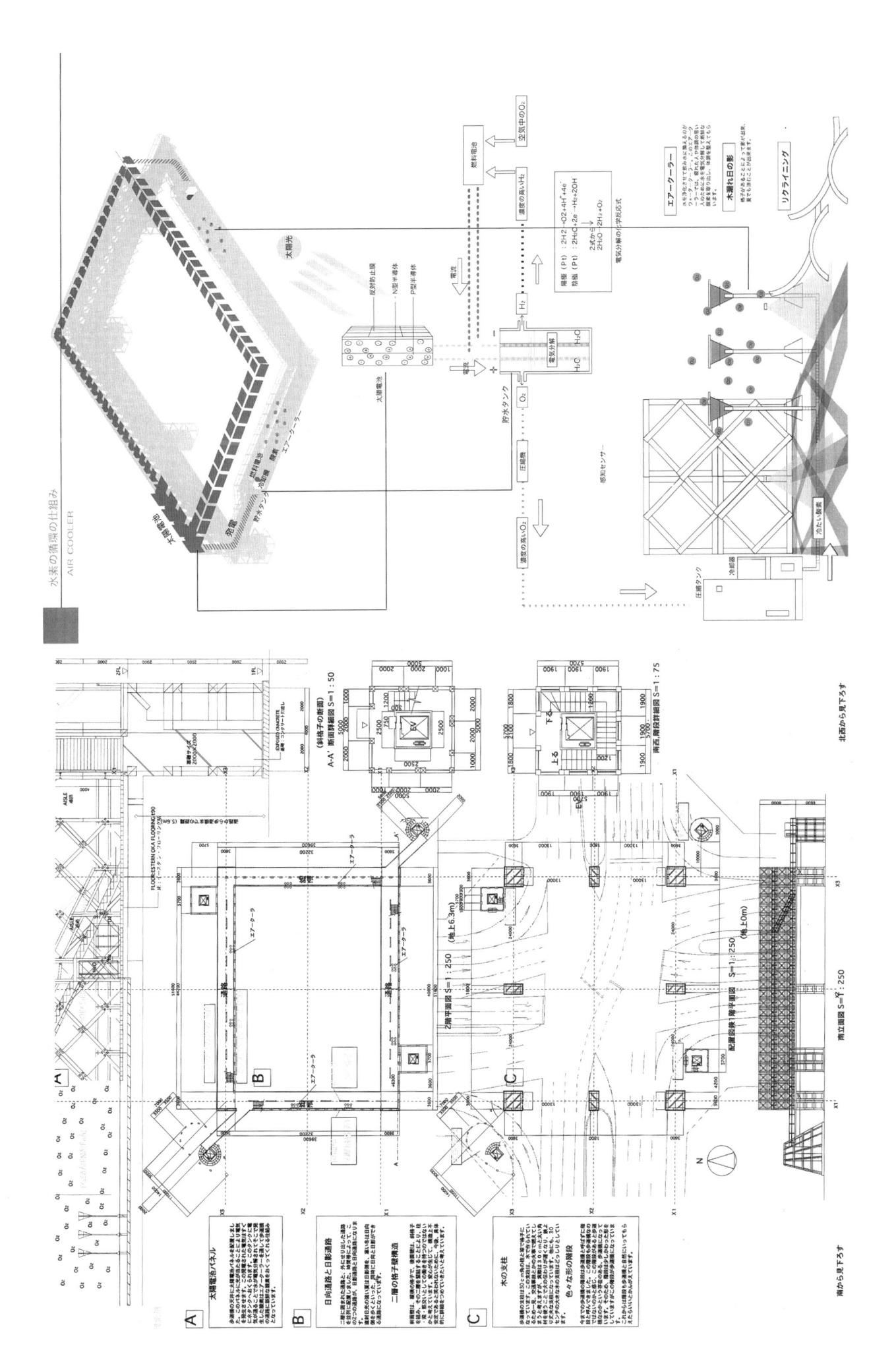

## 5・2 卒業設計

### (1) 水の手の家 ～水と共に暮らす～

通学途中，いつも見ている運河の風景．船が行き交い，水鳥が舞い，魚が飛び跳ね，水面には景色が映り，なにげなく四季折々の風景を感じることができる．しかし，身近でここでしか味わうことのできない雰囲気があるのに，運河沿いに建つ建築物は運河に背中を向けて建っている．そして人々も無関心…．この卒業設計は，日常生

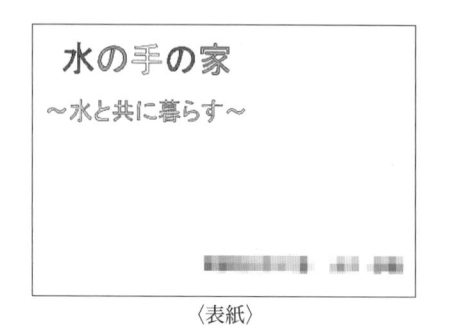

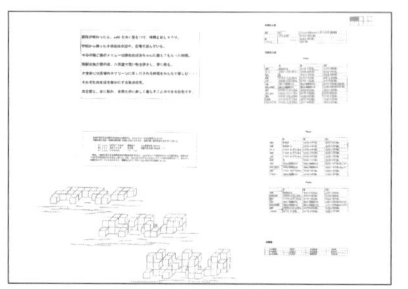

〈表紙〉

〈設計主旨・設計概要〉

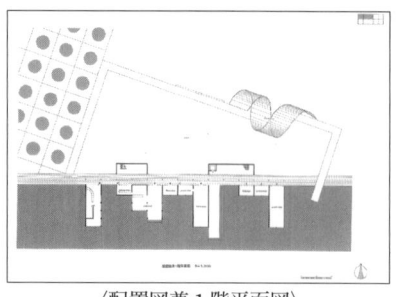

〈配置図兼1階平面図〉

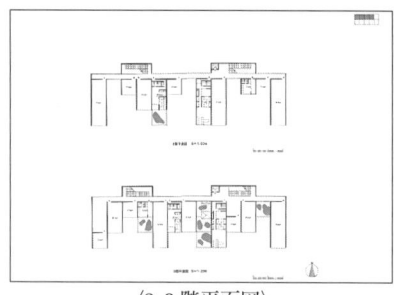

〈2・3階平面図〉

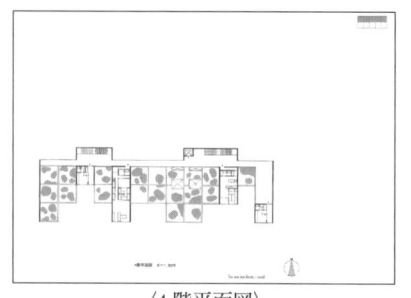

〈4階平面図〉

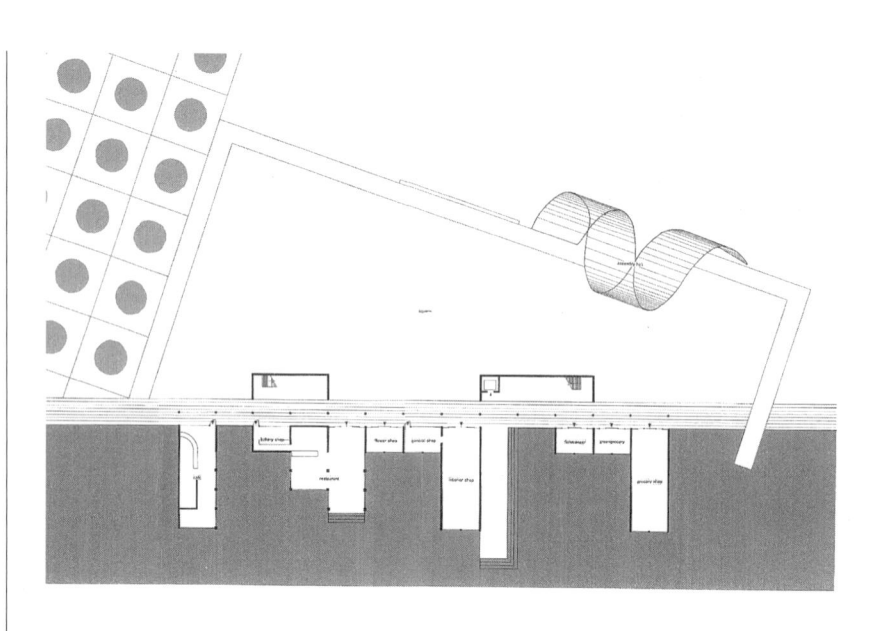

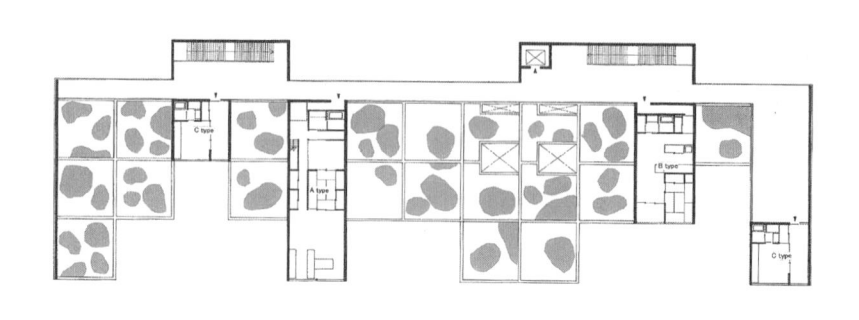

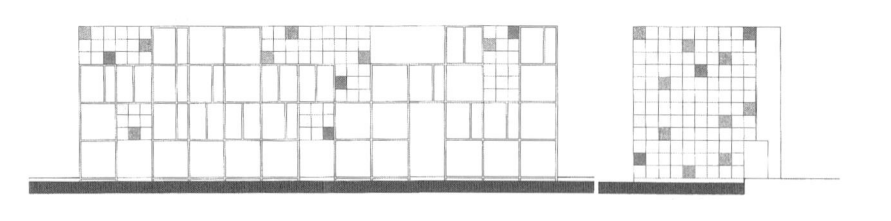

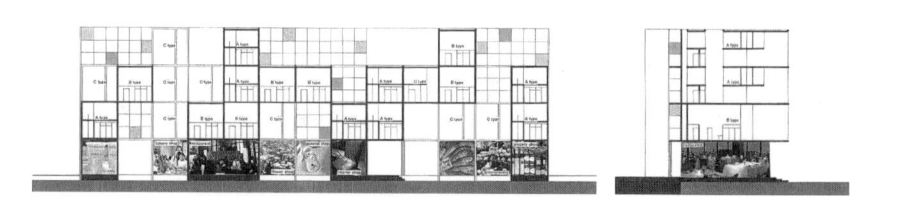

活から感じている疑問を問題提起し，そのひとつの解決策として提案された集合住宅の計画である．都市と運河との接点，また，自然を感じ，共存することによるサスティナビリティーな提案をおこなっている．全体構成は，6mのキューブをランダムに積み重ね，周辺環境との調和を図り，外部空間を積極的に取り込み自然とふれあうことができるスペースを設けている．運河に面する階は「水階」と名づけられ，海と住居と人が出会う場所で，潮の引き満ち引きによって海水が入り込む室内になる．また，水面を吹く風を室内に取り入れ冷却し，大きなテラスは緑化，背後の山並みの緑と連続させるなど省エネルギー，環境への配慮がなされている．

(高校生作品)

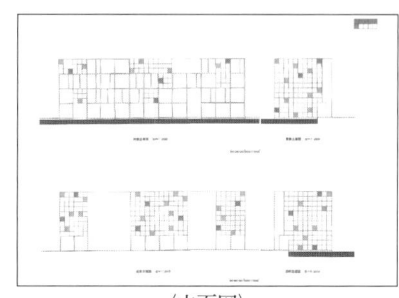

〈立面図〉

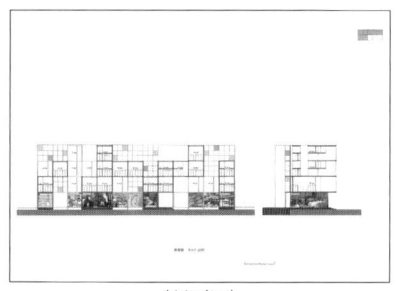

〈断面図〉

〈住戸平面図〉

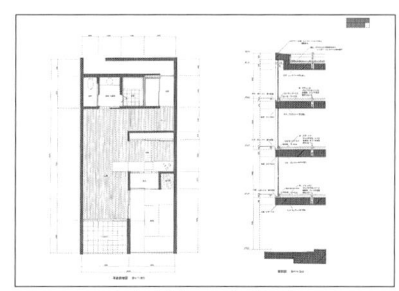

〈平面詳細図・矩計図〉

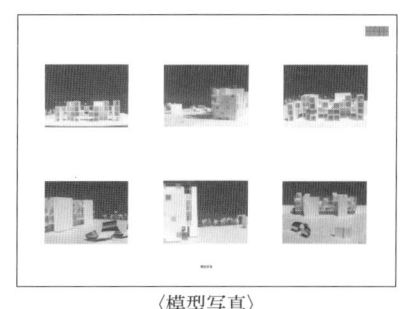

〈模型写真〉

## (2) HYOGO CANAL FORUM
～忘れられた運河の再生・都市に潤いの水辺を～

神戸市の兵庫区の南部に，兵庫運河がある．この地は「兵庫の津」と呼ばれ，多くの漁師が住んでいた．かつてこの運河は，明石沖の漁場に向かう小型の船が，波の高い岬を避けて漁場に向かうための，安全な水路であった．しかし時代は変わり，舟は大型化したため，運河はその役割を失い，現在ではほとんど活用されなくなった．

今日，運河はその岸辺の多くを倉庫や工場に奪われていたが，その穏やかな水面に憩いの場を求め，遊歩道や隣接したところに小学校なども建設されるようになった．

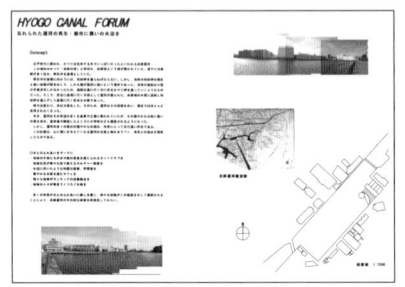

〈表紙及び配置図〉

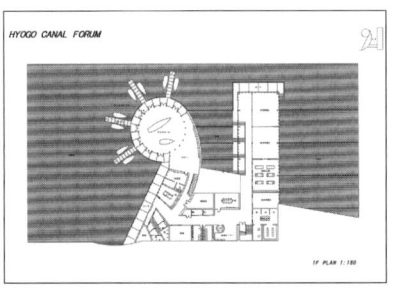

〈1階平面図〉

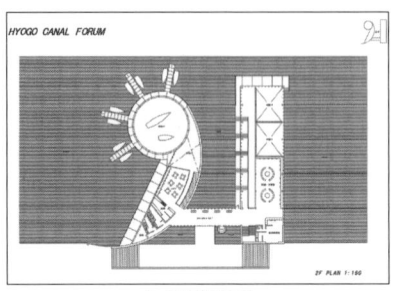

〈2階平面図〉

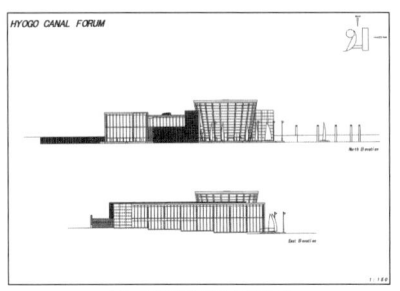

〈北立面図・東立面図〉

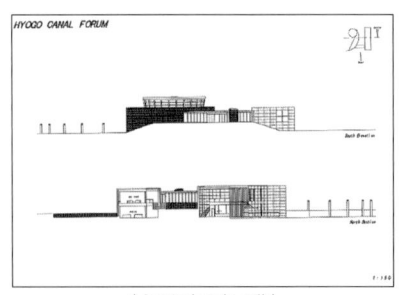

〈東断面図(2面)〉

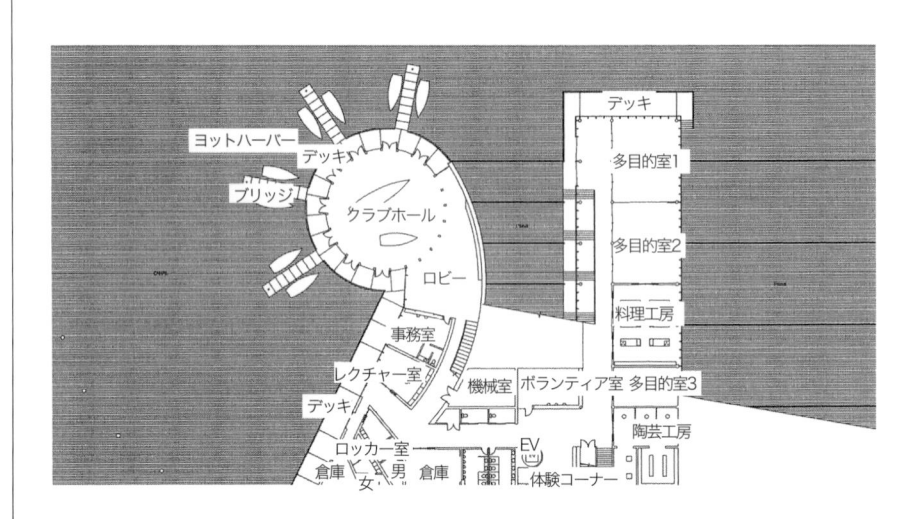

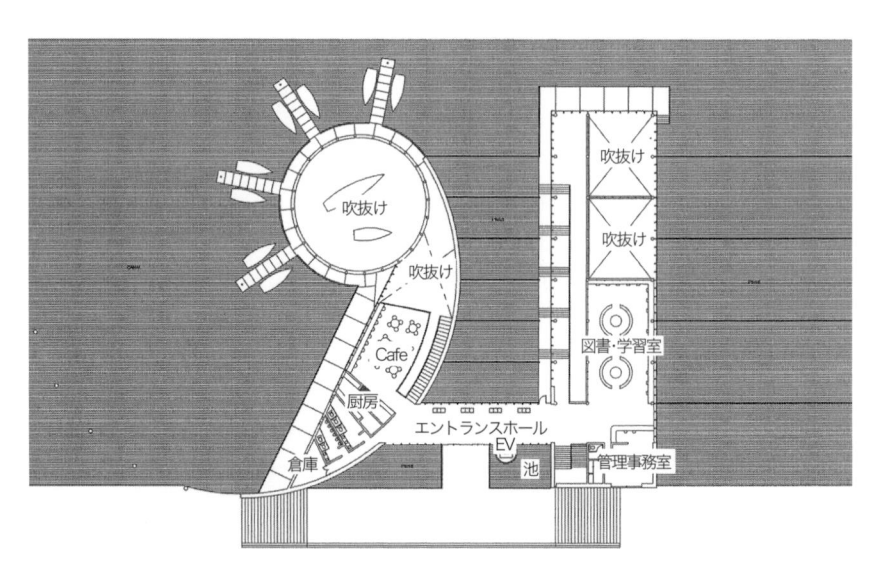

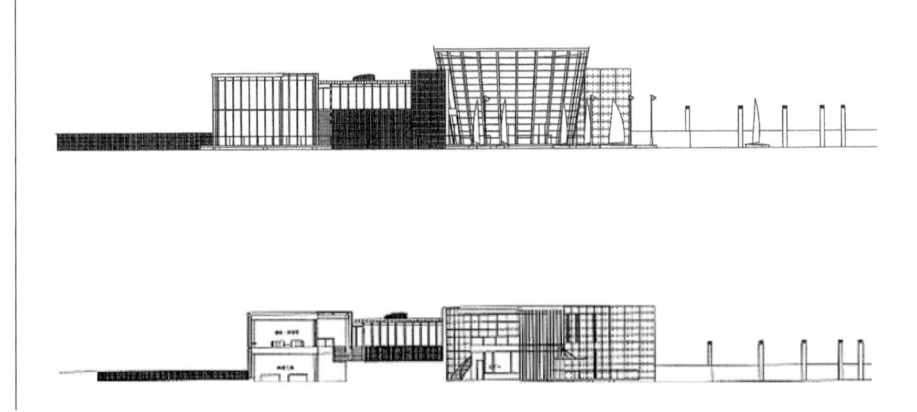

しかし，運河の多くの部分の穏やかな水面は，市民にとってまだ遠い存在である．

この計画は，周辺の住民が心に潤いを与えてくれる運河の水面と，触れ合うための施設を計画したものである．利用者の年齢を子供から老人まで幅広く考え，ヨットクラブや，さまざまなカルチャー教室，ミニ図書館，集会などの多様な利用を考えて計画をした．それぞれの部門が水面との関わりをテーマとして計画している．多くの住民が水面とのふれあいに癒しを感じ，さまざまな活動がこの施設を介して展開されることにより，兵庫運河の今日的な価値を再発見してみたい．

（高校生作品）

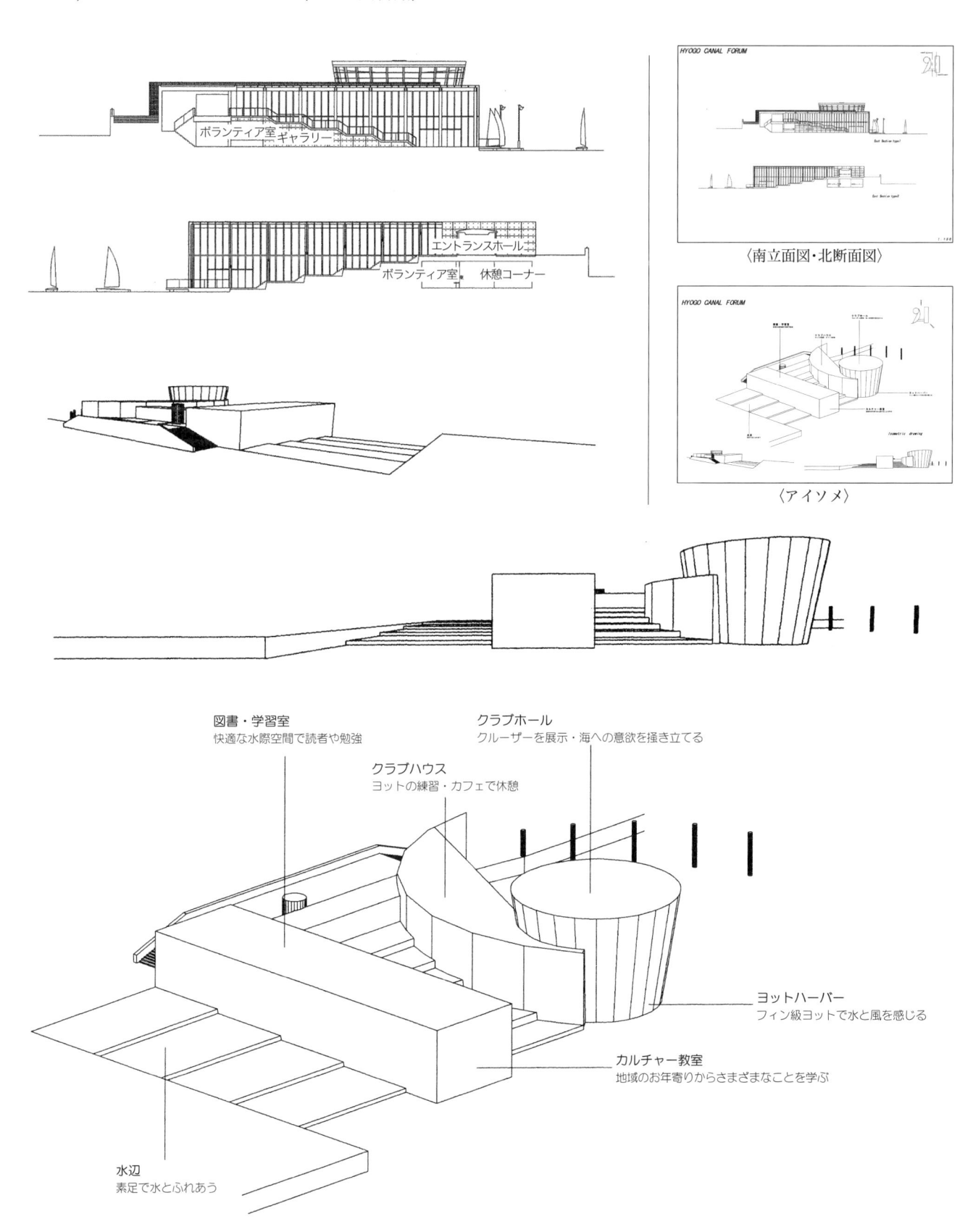

〈南立面図・北断面図〉

〈アイソメ〉

図書・学習室
快適な水際空間で読者や勉強

クラブホール
クルーザーを展示・海への意欲を掻き立てる

クラブハウス
ヨットの練習・カフェで休憩

ヨットハーバー
フィン級ヨットで水と風を感じる

カルチャー教室
地域のお年寄りからさまざまなことを学ぶ

水辺
素足で水とふれあう

## (3) 器　〜人の動きを誘う建築〜

　江東区辰巳には，首都高速道路の高架によって団地と工場地域が隔てられている．この2つの地域に挟まれるように存在する公園は，団地に住む人と工場で働く人が無関係に行き交う場であり，埋立地特有の親密さの薄い空

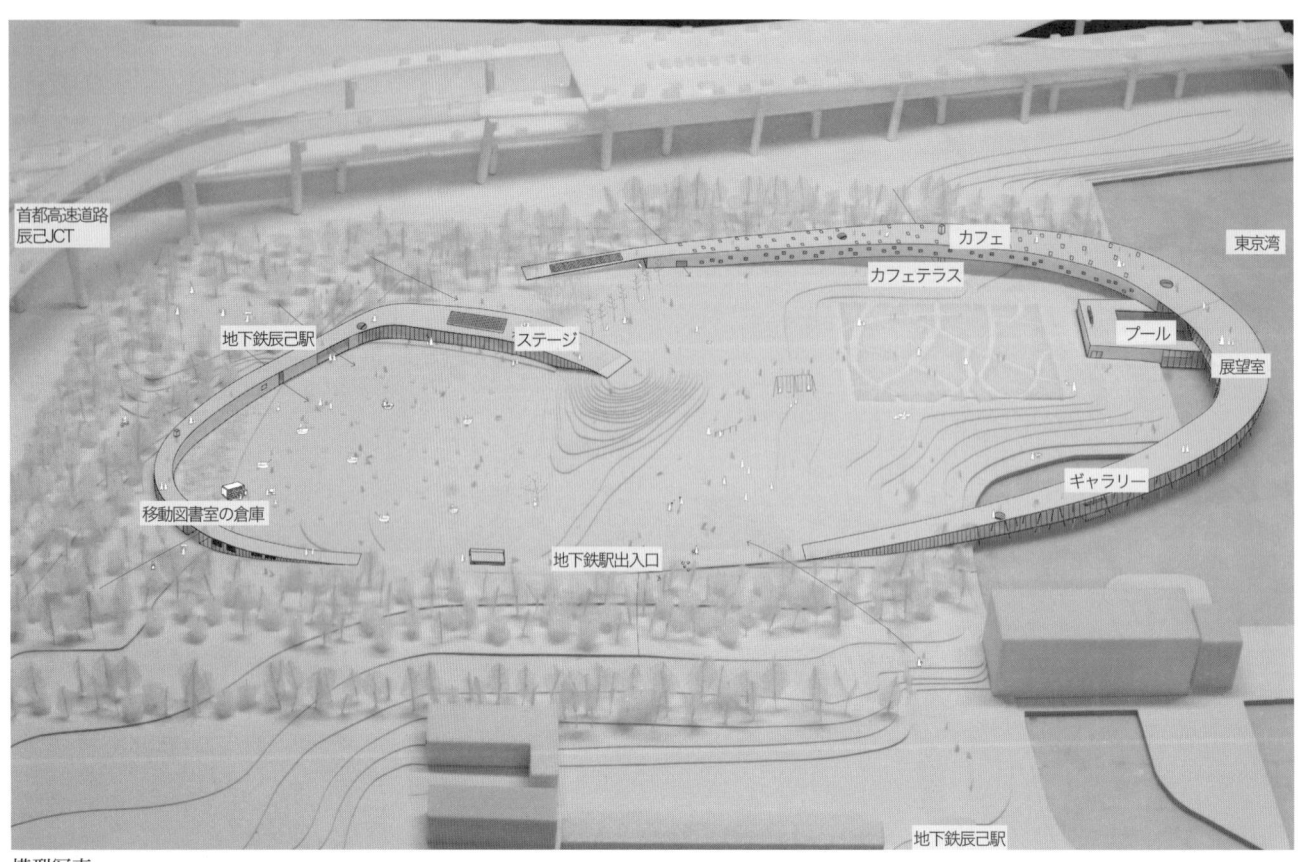

模型写真

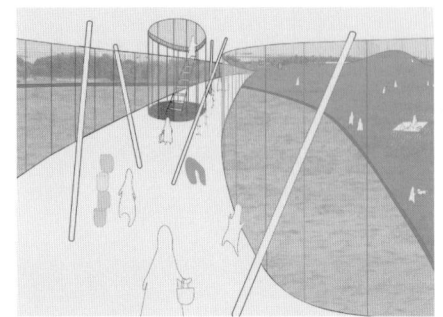

ギャラリー内から 　　カフェ内から 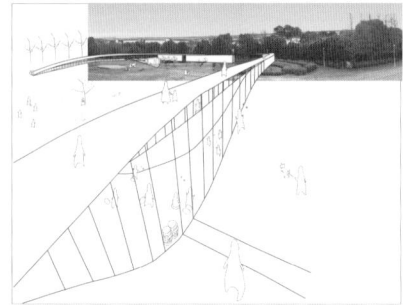　　マウンド上から

広場から海方向

間となっている．そこで本計画ではこの公園を敷地とし，地域の活動に沿いつつ人々の新たな活動を促す，人の動きを誘う「器」のような建築を構想する．敷地周辺に存在する首都高速道路，海，緑といった要素を接続するように，建築ヴォリュームは薄く細長いかたちとし，公園を大きく囲む配置とする．ここに移動図書館の書庫・地下鉄駅出入口・ギャラリー・展望室・プール・ステージの用途を添えて，人々の新たな活動を促す．こうした活動は公園内へと染み出し，互いに重なり合いながら公園に新たな場をつくる．

(平成18年度日本工業大学工学部建築学科 卒業計画優秀賞)

対岸から

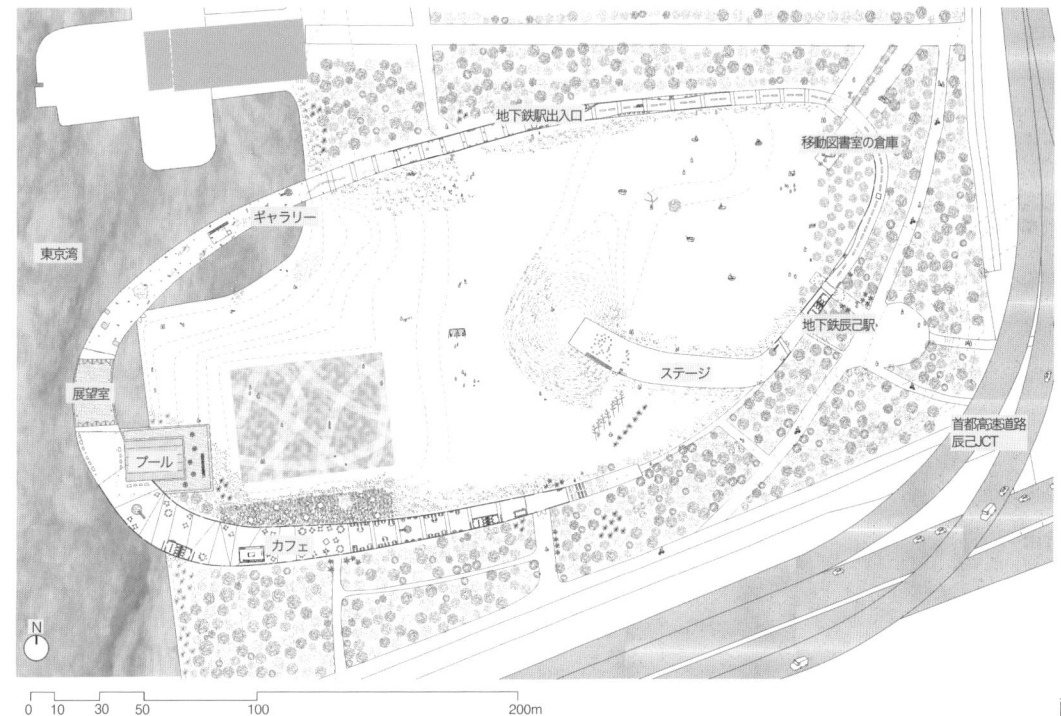

配置兼平面図

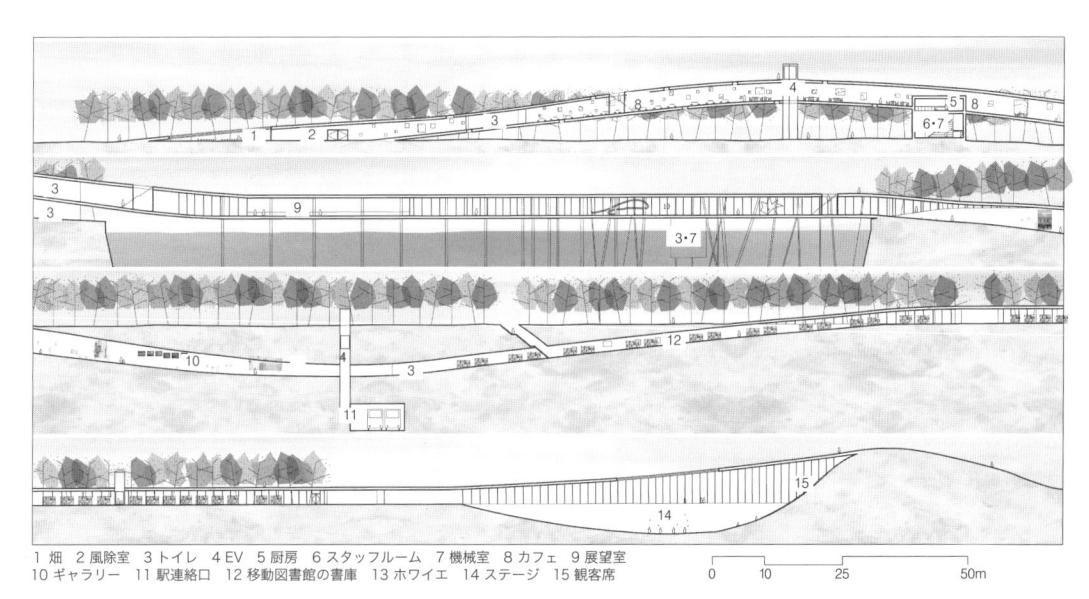

1 畑　2 風除室　3 トイレ　4 EV　5 厨房　6 スタッフルーム　7 機械室　8 カフェ　9 展望室
10 ギャラリー　11 駅連絡口　12 移動図書館の書庫　13 ホワイエ　14 ステージ　15 観客席

展開断面図

## (4) トレンチタウン・ウメダ
~土壌浄化処理を利用した工場跡地再生計画~

近年，東京区部の北部において，造成済みの大規模な空地が目立つようになってきた．それらは，工場の移転や閉鎖された工場跡地であることが多い．これらは再開発される場合でも，かつて敷地に存在した空間性や建築プログラムが省みられることは少なく，駅や商店街に近い利便性の高い場所に立地しながら，周辺地域から空間的・用途的に独立した都市空間となることが少なくない．

これらのことから，こうした敷地の再利用のあり方を検討することは，今後の都市空間のあり方を考える上で重要であると考える．そこでこの計画では，土壌浄化処理が必要となる工場跡地に着目し，土地の掘削過程を利用した再開発計画を提案する．

有害物質を取り扱っていた工場が移転・閉鎖された場合，その跡地は，過去の土地履歴が参照された上で有害物質の残留量を数mグリッドごとに調査する．その結果，規定値を超す有害物質が発見された場合，敷地の掘削による土壌の入れ替えにより浄化処理が行われ，土壌の掘

1階平面図

有害物質を取り扱っていた工場が移転・閉鎖されたことにより，その跡地は，過去の土地履歴が参照された上で有害物質の残留量を10mグリッドごとに調査される．その結果，規定値を超す有害物質が発見された場合，敷地の掘削による土壌の入れ替えにより浄化処理が行われる．上図は土壌調査を元に作成された工場敷地内における掘削深度を表わしたものである．

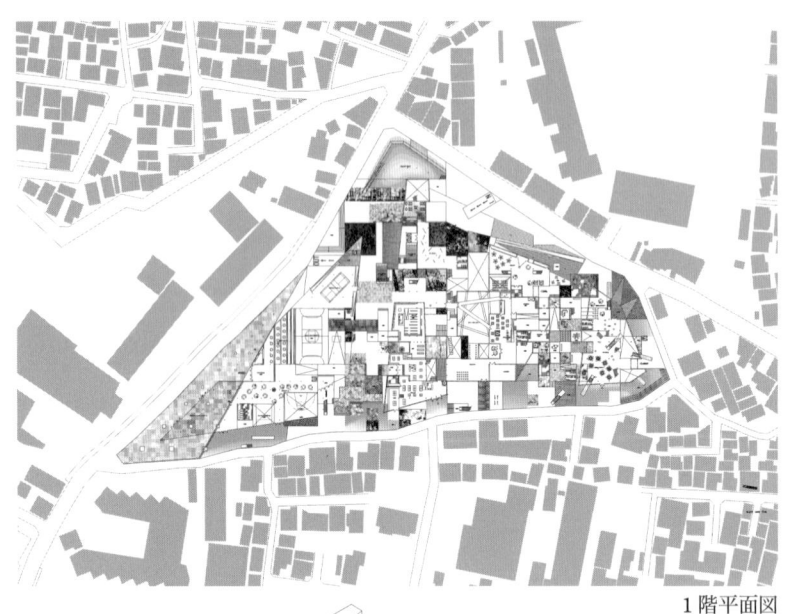

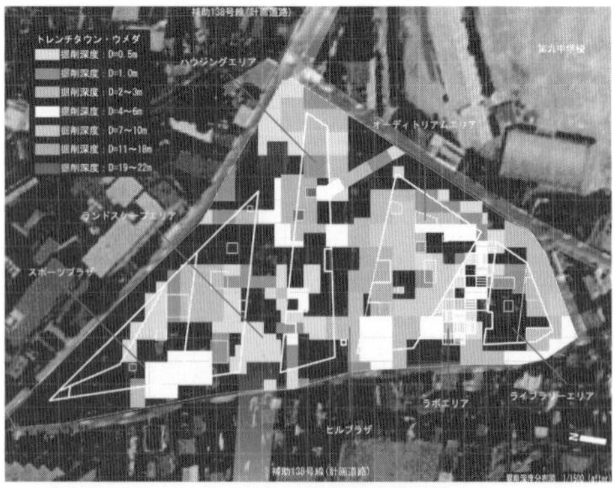

10mグリッドごとに調査された有機物の汚染深度を元に土地は掘削され，それを独自のコンテクストとし，土木工事と建築工事の連携による建築を試みる．

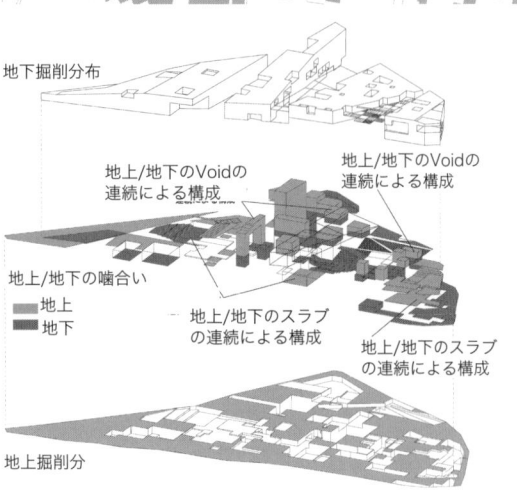

地下掘削分布
地上/地下のVoidの連続による構成
地上/地下のVoidの連続による構成
地上/地下の噛合い
地上
地下
地上/地下のスラブの連続による構成
地上/地下のスラブの連続による構成
地上掘削分

地上/地下構成ダイアグラム

断面図
イベントパーク／スポーツジム／レストラン／ボクシングジム／フットサルコート／ショップ／住居／ロッククライミング／居室／レストラン／ライトギャラリー／小ホール／居室／スタジオ／ラボ／書架・閲覧／書架・閲覧／アトリウム／書架

0 5 10 25 50m

土地に囲まれたコンテクストにより断面は凸凹し，プログラムや階段・スロープにより連続した空間は，この地域のアクティビティを誘発する．

削により現れた土地の凹凸は，敷地独自のコンテクストとして敷地に刻まれる．また，直前の土地利用だけでなく，敷地の調査は過去の使用履歴も含むため，掘削の深度や範囲は，長期的なスパンにおけるその土地の時間を含み込んだものとなる．しかし，こうした調査による土地の使用履歴の解明や，それに伴う土壌浄化処理により生じた土地の凹凸，すなわち歴史的，物理的コンテクストが，敷地の再開発に反映されることはほとんどない．

これらのことから，工場跡地の再利用に伴う土壌浄化処理に着目し，更地としてではなく，土壌浄化処理に伴う土壌の掘削工事を利用することで，土木工事と建築工事の連携による工場跡地の再生を試みる．またこうした土地に刻まれたコンテクストである土地の凹凸を利用することで，地域独自のコンテクストを反映させた地域環境の活性化が可能であると考える．

平成17年度日本工業大学工学部建築学科　修士設計
『mAAN2006 学生リノベーションコンペティション』
「過去を未来に転移させる／新たなる都市・建築の再生ストラテジー」
審査員特別賞　主催：mAAN東京会議実行委員会

工場跡地の事例

ランドリー内部は，空間と対比するように家具が放射状に配置されている．

住宅地の学校を結ぶこの場所は，"ラボ"ワークショップスペースとなり，周辺住民や周辺の工場主が共同で使用できる．

E-E'断面図：1/1000
ライブラリーエリア
要素：住宅地
掘削状況：放射状掘削

D-D'断面図
ラボエリア
要素：教育施設−住宅
掘削状況：細かいグリッド

工場跡地の周辺要素

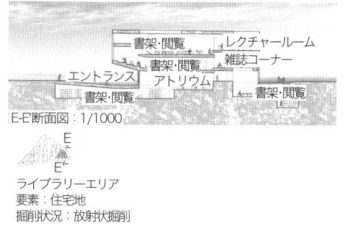

浅く，幅広に掘削された場所では，フットサルやバレーが楽しめる．

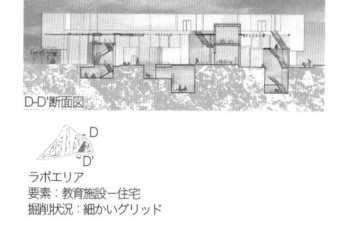

ホールへのエントランスは，半外部のメディアラボとなっており，内部の様子を映像で楽しむことができる．

スポーツプラザ
要素：通過点・公園

E-E'断面図

見上げ

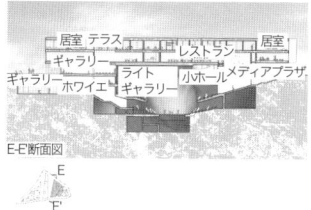

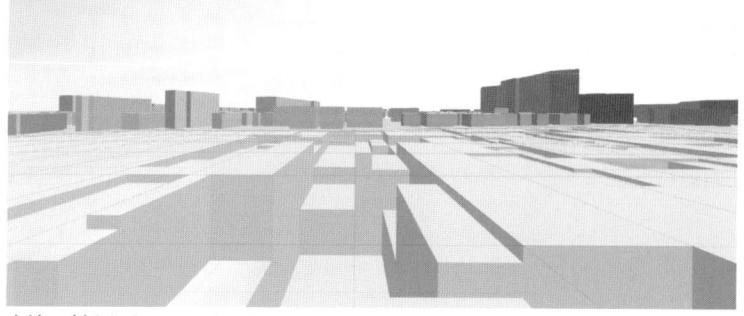

土地に刻まれたコンテクスト

〈建築のテキスト〉編集委員会

● 編集委員長
　大西　正宜（大阪府立西野田工科高等学校）

● 編集委員
　飴野　正彦（兵庫県立神戸工業高等学校）
　宇都　直人（大阪市立都島工業高等学校）
　岡本　展好（大阪市立都島工業高等学校）
　河合　省吾（大阪府立西野田工科高等学校）
　覚野　一与（兵庫県立姫路工業高等学校）
　小早川弘樹（大阪府立今宮工科高等学校）
　下山　　明（兵庫県立尼崎工業高等学校）

● 執筆者
　飴野　正彦（兵庫県立神戸工業高等学校）
　新山　　浩（神戸市立科学技術高等学校）
　西本　和樹（兵庫県立東播工業高等学校）
　東元　良司（兵庫県立兵庫工業高等学校）

（上記の所属校は2008年の初版時のものである）

## 初めて学ぶ建築コンペ・卒業設計

2008年11月20日　第1版第1刷発行
2020年 2 月20日　第1版第4刷発行

著　者　〈建築のテキスト〉編集委員会
発行者　前田裕資
発行所　株式会社学芸出版社
　　　　京都市下京区木津屋橋通西洞院東入
　　　　〒600-8216　☎075・343・0811

創栄図書印刷／新生製本
装丁：前田俊平
Ⓒ〈建築のテキスト〉編集委員会　2008
ISBN 978-4-7615-2447-0　　Printed in Japan

JCOPY　〈(社)出版者著作権管理機構委託出版物〉
本書の無断複写（電子化を含む）は著作権法上での例外を除き禁じられています。複写される場合は、そのつど事前に、(社)出版者著作権管理機構（電話03-5244-5088、FAX 03-5244-5089、e-mail: info@jcopy.or.jp）の許諾を得てください。
また本書を代行業者等の第三者に依頼してスキャンやデジタル化することは、たとえ個人や家庭内での利用であっても一切認められておりません。